Die Geschichte von Jesus

Erzählt für Kinder

von Ellen G. White

Originaltitel: The Story of Jesus (1896, 1900)
Ellen Gould White

Aus dem Amerikanischen übersetzt von Miriam Aßmann.

Satz & Layout:	NewStartCenter®
Redaktion:	Johannes Kolletzki
Korrektur, Lektorat:	Monika Alge, Claudia Gantenhammer, Johannes Kolletzki
Einbandgestaltung:	Lydia Janßen, LA.yout print & mediendesign
Titelbild:	© Tan Chen Chen

Zeichnungen und Illustrationen von © Tan Chen Chen mit freundlicher Genehmigung.

Die Bibelzitate sind – falls nicht anders vermerkt – der Bibelübersetzung Neues Leben (© SCM Verlag) entnommen. Ansonsten bedeutet:

ELB =	Elberfelder Übersetzung, Edition CSV, © Christliche Schriftenverbreitung e. V., Hückeswagen
LUT =	Luther 1984, © Deutsche Bibelgesellschaft, Stuttgart

1. Auflage 2023
© NewStartCenter®, Hauptstraße 62, 79348 Freiamt, www.newstartcenter.de

Deutsche Ausgabe Softcover:	Bestellnummer: 250-5800	ISBN: 978-3-933785-80-0
Deutsche Ausgabe Hardtcover:	Bestellnummer: 250-5800-1	ISBN: 978-3-933785-81-7

Erhältlich in folgenden Sprachen:
Englisch: Bestellnummer: 250-5800-2
Spanisch: Bestellnummer: 250-5800-3
Portugiesisch: Bestellnummer: 250-5800-4
Holländisch: Bestellnummer: 250-5800-5

Inhalt

Vorwort

Die vielfältigen Erscheinungsformen der Natur, jeder Aspekt menschlichen Lebens und alles, was unsere Welt ausmacht, erinnern uns an das Leben und die Lehren Jesu, unseres Heilands. Wie tief der Eindruck ist, den der Mann aus Nazareth auf dieser Erde hinterlassen hat, und wie weitreichend Sein Einfluss bis heute ist, lässt sich unmöglich ermessen. Jeder Segen in jeglicher Form erreicht uns über die Verbindung zwischen Himmel und Erde, die der Herr der Herrlichkeit schuf, als Er sich einer in Sünde verlorenen Welt annahm.

Die gewaltigen Dimensionen dieser schicksalhaften Geschichte haben von jeher die Feder der Gebildeten und die Zunge der Beredten inspiriert. Am besten jedoch lässt sie sich in der Sprache der Kinder erzählen. Das wundersame Geschehen braucht keinen menschlichen Schliff. Sein Glanz überstrahlt alle irdische Kunst und leuchtet am hellsten in dem eigenen Licht.

Dieses Buch verzichtet auf jeden Versuch künstlicher Ausschmückung. Unter dem tiefen Eindruck der unendlichen Tragweite des Inhalts und doch in schlichten, anschaulichen Worten erzählt es die Geschichte so, wie sie sich zugetragen hat. Damit rührt es nicht nur die Herzen unserer Kleinen an, sondern entspricht unser aller Bedürfnis, wie das bekannte Lied sagt:

„Erzähl es mir so einfach wie einem kleinen Kind."

Möge es mit diesem einfachen und reinen Glauben gelesen und aufgenommen werden.

George C. Tenney

Die Geburt Jesu

In der kleinen Stadt Nazareth, umgeben von den Hügeln Galiläas, wohnten Josef und Maria. Sie wurden später als die menschlichen Eltern von Jesus bekannt.

Josef war ein Nachkomme des Königs David. Als eine Volkszählung[1] stattfand, musste Josef deshalb nach Bethlehem - der Stadt Davids - gehen. Dort wurde sein Name in eine Liste eintragen. So wie die Menschen damals reisten, war das eine sehr mühsame Reise. Maria, die ihren Mann begleitete, war erschöpft, als sie den Hügel nach Bethlehem hinaufstiegen.

Wie sehr sehnte sie sich nach einem bequemen Platz, an dem sie sich ausruhen konnte! Aber die Gasthäuser waren bereits alle belegt. Für die Reichen und Stolzen war gut gesorgt, während diese ärmlichen Reisenden in einem einfachen Stall unterkommen mussten.

Josef und Maria hatten wenig weltlichen Besitz, aber die Liebe Gottes machte sie reich an Freude und Frieden. Sie waren Kinder des himmlischen Königs, der ihnen soeben eine wunderbare Ehre zuteilwerden ließ.

Engel hatten sie auf ihrer Reise begleitet und waren auch bei ihnen, als die Nacht hereinbrach und sie sich zur Ruhe legten.

Dort, in dieser einfachen Hütte, wurde Jesus, der Retter geboren und in eine Futterkrippe gelegt. In dieser ärmlichen Wiege lag der Sohn des Höchsten, der die Höfe des Himmels mit Herrlichkeit erfüllt hatte.

---

[1] Das Volk wurde gezählt, damit der Kaiser wusste, von wem er Steuern verlangen konnte.

Bevor Jesus auf die Erde kam, war Er[2] der Befehlshaber der Engelscharen gewesen. Die strahlendsten und erhabensten Engel hatten Seine Herrlichkeit bei der Schöpfung verkündet. Sie hatten ihr Gesicht vor Ihm verhüllt, als Er auf Seinem Thron gesessen war. Sie hatten beim Anblick Seiner Herrlichkeit ihre Kronen zu Seinen Füßen niedergelegt und Loblieder für Ihn gesungen.

Und doch liebte dieses herrliche Wesen uns arme Sünder so sehr, dass Er die Gestalt eines Dieners annahm, um für uns zu leiden und zu sterben.

Jesus hätte an der Seite des Vaters bleiben können. Er hätte Sein königliches Gewand und Seine prachtvolle Krone weiterhin tragen können. Aber aus Liebe zu uns entschied Er sich, den Reichtum des Himmels gegen die Armut der Erde einzutauschen.

Jesus beschloss, Seinen hohen Posten zu verlassen. Auch die Engel, die Ihn so liebten, ließ Er zurück. Die Anbetung der himmlischen Schar tauschte Er gegen den Spott und die Schmähungen boshafter Menschen ein. Aus Liebe zu uns nahm Er ein Leben in Armut und einen fürchterlichen Tod auf sich.

All das tat Christus[3], um Gottes Liebe für uns sichtbar zu machen. Er zeigte uns durch Sein Leben als Mensch, wie wir Gottes Willen tun und Ihn dadurch ehren können. Jesus tat dies, damit wir Seinem Beispiel folgen und dadurch letztendlich mit Ihm in Seinem himmlischen Haus wohnen können.

Die Priester und Machthaber unter den Juden waren nicht bereit, Jesus willkommen zu heißen. Sie wussten, dass der Erlöser bald kommen würde. Aber sie erwarteten, dass Er ein mächtiger König sein würde und dass Er sie mit Reichtum und Macht

---

[2] Weil Jesus Gott ist, wird »Er«, »Sein«, »Ihm« und so weiter immer großgeschrieben. So zeigt man, dass man Ihn ganz besonders lieb hat und Ihm die Ehre gibt.

[3] Jesus wird oft Christus, Retter, Messias oder auch Erlöser genannt. Diese Wörter beschreiben, dass Jesus auf dieser Welt eine besondere Aufgabe bekommen hatte: Er sollte zeigen, wie Gott ist, uns unsere bösen Taten vergeben und uns ewiges Leben im Himmel schenken.

ausstatten würde. Sie waren zu stolz, um sich den Messias als ein hilfloses Kind vorzustellen.

Deshalb benachrichtigte Gott sie auch nicht, als Christus geboren wurde. Er sandte die frohe Botschaft zu einigen Schafhirten, welche auf den Hügeln rund um Bethlehem ihre Herden lagerten. Sie waren gute Männer, und als sie ihre Schafe nachts bewachten, redeten sie miteinander über den verheißenen Erlöser. Sie beteten so ernst um Sein Kommen, dass Gott Seine

leuchtenden Boten von Seinem strahlenden Thron zu ihnen schickte, um sie zu benachrichtigen.

»Plötzlich erschien ein Engel des Herrn in ihrer Mitte. Der Glanz des Herrn umstrahlte sie. Die Hirten erschraken, aber der Engel beruhigte sie. ›Habt keine Angst!‹, sagte er. ›Ich bringe eine gute Botschaft für alle Menschen! Der Retter – ja, Christus, der Herr – ist heute Nacht in Bethlehem, der Stadt Davids, geboren worden! Und daran könnt ihr Ihn erkennen: Ihr werdet ein Kind finden, das in Windeln gewickelt in einer Futterkrippe liegt!‹ Auf einmal war der Engel von den himmlischen Heerscharen umgeben, und sie alle priesen Gott mit den Worten: ›Ehre sei Gott im höchsten Himmel und Frieden auf Erden für alle Menschen, an denen Gott Gefallen hat.‹ Als die Engel in den Himmel zurückgekehrt waren, sagten die Hirten zueinander: ›Kommt, gehen wir nach Bethlehem! Wir wollen das Wunder von dem der Herr uns erzählen ließ mit eigenen Augen sehen.‹ Sie liefen, so schnell sie konnten, ins Dorf und fanden Maria und Josef und das Kind in der Futterkrippe. Da erzählten die Hirten allen, was geschehen war und was der Engel ihnen über dieses Kind gesagt hatte. Alle Leute, die den Bericht der Hirten hörten, waren voller Staunen. Maria aber bewahrte alle diese Dinge in ihrem Herzen und dachte oft darüber nach.« Lukas 2,9-19

Jesus wird im Tempel geweiht

Josef und Maria waren Juden und befolgten die Bräuche ihrer Nation. Als Jesus sechs Wochen alt war, brachten sie Ihn im Tempel von Jerusalem zum Herrn. So befolgten sie das Gesetz, welches Gott Israel gegeben hatte. Jesus sollte dem Gesetz in allen Dingen gehorsam sein. So lehrt uns also Gottes eigener Sohn – der Prinz des Himmels – durch Sein Beispiel, dass wir gehorsam sein sollen.

Nur der erstgeborene Sohn jeder Familie sollte im Tempel gezeigt werden. Diese Zeremonie sollte an ein Ereignis erinnern, das lange Zeit zuvor stattgefunden hatte. Als die Kinder Israels Sklaven in Ägypten waren, sandte Gott Mose, um sie zu befreien. Er bat Mose, zum Pharao, dem König Ägyptens, zu gehen und zu sagen: »›So spricht der HERR: Israel ist mein erstgeborener Sohn. Ich befehle dir: Lass ihn ziehen, damit er mir dienen kann. Wenn du dich aber weigerst ihn ziehen zu lassen, werde ich deinen erstgeborenen Sohn töten!‹« Mose trug diese Botschaft zum König. Aber Pharaos Antwort war: »›Wer ist dieser HERR? Wieso sollte ich Ihm gehorchen und das Volk der Israeliten ziehen lassen? Ich kenne diesen HERRN nicht und ich werde die Israeliten auf keinen Fall gehen lassen.‹« 2 Mose 5,2.

Dann schickte der Herr schreckliche Plagen über die Ägypter. Die letzte dieser Plagen war die Tötung jedes erstgeborenen Sohnes aller Familien, vom König bis zum Niedrigsten im Land. Der Herr gebot Mose, dass jede israelitische Familie ein Lamm schlachten und mit seinem Blut die Türpfosten ihrer Wohnung bestreichen müsse. Dieses Zeichen erlaubte dem Todesengel, an allen Häusern der Israeliten vorüberzugehen und niemanden außer den stolzen und grausamen Ägyptern zu zerstören. Dieses

Blut des Vorübergehens, des »Passah«[4], sollte die Juden an das Blut Christi erinnern. Denn eines Tages würde Gott Seinen geliebten Sohn hingeben, damit Er sterben würde, wie das Lamm geschlachtet worden war. So können alle, die an Ihn glauben, vom ewigen Tod gerettet werden. Jesus wird unser »Passahlamm« genannt. 1 Korinther 5,7 Durch Sein Blut und unseren Glauben werden wir gerettet. Epheser 1,7 Wenn eine israelitische Familie ihren ältesten Sohn zum Tempel brachte, sollte sie sich daran erinnern, wie die Kinder Israels von der Plage gerettet worden waren und wie alle von der Sünde und dem ewigen Tod gerettet werden können.

Das Kind, welches im Tempel präsentiert wurde, wurde in die Arme des Priesters gelegt und vor dem Altar hochgehalten. So wurde es feierlich Gott geweiht und wieder seiner Mutter zurückgegeben. Dann wurde sein Name auf der Schriftrolle oder in dem Buch niedergeschrieben, wo alle Erstgeborenen Israels verzeichnet waren. Genauso werden die Namen all jener im Buch des Lebens eingetragen, die durch das Blut Christi gerettet worden sind.

Josef und Maria brachten Jesus zum Priester, wie das Gesetz es verlangte. Jeden Tag kamen Väter und Mütter mit ihren Kindern, und in Josef und Maria sah der Priester keinen Unterschied zu den vielen anderen, die kamen. Sie gehörten zum einfachen Arbeitervolk.

Im kleinen Jesus sah er nur ein hilfloses Baby. Nicht im Entferntesten hätte der Priester gedacht, dass er damals den Retter der Welt, den Hohepriester des himmlischen Tempels, in seinen Armen hielt. Aber er hätte es wissen können; denn wenn er Gottes Wort gehorsam gewesen wäre, hätte der Herr ihn darüber informiert.

[4] Das Wort „Passah“ (hebräisch pasach) bedeutet „vorübergehen“.

Zu jener speziellen Zeit waren im Tempel Gottes zwei seiner wahren Diener, Simeon und Hanna. Beide waren in ihrem Dienst für Gott alt geworden, und Er zeigte ihnen Dinge, welche den stolzen und selbstsüchtigen Priestern nicht offenbart werden konnten.

Simeon war das Versprechen gegeben worden, dass er nicht sterben würde, bis er den Erlöser gesehen hätte. Sobald er Jesus im Tempel sah, wusste er, dass dies der Eine war, auf den er gewartet hat. Auf dem Gesicht Jesu lag ein sanftes, himmlisches Licht; und Simeon nahm das Kind in seine Arme, lobte Gott und sagte: »»Herr, nun kann ich in Frieden sterben! Wie Du es mir versprochen hast, habe ich den Retter gesehen, den Du allen Menschen geschenkt hast. Er ist ein Licht, das den Völkern Gott offenbaren wird, und Er ist die Herrlichkeit Deines Volkes Israel.«« Lukas 2,29-32

Hanna, eine Prophetin[5], traf auf Simeon und die junge Familie »und begann, Gott zu loben. Allen, die auf die verheißene Erlösung Israels warteten, erzählte sie von Jesus.« Lukas 2,38

So geschieht es, dass Gott demütige Menschen als Seine Zeugen erwählt. Die meisten, die von der Welt in Ehren gehalten werden, übergeht Er. Sie sind wie die jüdischen Priester und Leiter. Viele streben danach, sich selbst zu dienen und Ehre zu verschaffen, aber denken wenig darüber nach, Gott zu dienen und Ihn zu ehren. Deshalb kann Er sie nicht dazu erwählen, anderen von Seiner Liebe und Gnade zu erzählen. Maria, die Mutter Jesu, dachte über die weitreichende Prophezeiung[6] Simeons nach. Als sie auf das Kind in ihren Armen schaute und sich daran erinnerte, was die Hirten Bethlehems über Jesus gesagt hatten, war sie voll dankbarer Freude und strahlender Hoffnung.

Simeons Worte riefen die Prophezeiung Jesajas in ihren Sinn. Sie wusste, dass über Jesus diese wundervollen Worte gesagt worden waren: »Denn das Volk, das in der Dunkelheit lebt, sieht ein helles Licht. Und über den Menschen in einem vom Tode überschatteten Land strahlt ein heller Schein ... Denn uns wurde ein Kind geboren, uns wurde ein Sohn geschenkt. Auf Seinen Schultern ruht die Herrschaft. Er heißt: wunderbarer Ratgeber, starker Gott, ewiger Vater, Friedensfürst.« Jesaja 9,1.5

---

[5] Propheten sind Menschen, denen Gott besondere Botschaften für Sein Volk gegeben hat.
[6] Das sind Vorhersagen über die Zukunft. In der Bibel finden wir viele prophetische Ankündigungen der Geburt Jesu, zum Beispiel in Jesaja 7,14; 9,5 und Micha 5,1.

Der Besuch der weisen Männer

Gott wollte den Menschen über Jesu Ankunft auf der Erde Bescheid geben. Die Priester hätten die Menschen ermutigen sollen, nach dem Heiland Ausschau zu halten; aber sie wussten selbst nichts von Seinem Kommen.

Darum sandte Gott Engel, um den Hirten zu berichten, dass Jesus geboren worden war und wo sie Ihn finden würden.

Genauso war es, als Jesus im Tempel gesegnet wurde. Es gab auch dort Menschen, die Ihn als den Erlöser willkommen hießen. Simeon und Hanna durften aus einem bestimmten Grund sehr alt werden: Gott erlaubte ihnen, Jesus als den angekündigten Messias zu bezeugen.

Gott wollte, dass nicht nur die Juden davon erfuhren, dass Christus geboren worden war. In einem weit entfernten Land im Osten lebten Männer. Sie hatten die Prophezeiungen über den Messias studiert und glaubten daran, dass Sein Kommen nahe war.

Die Juden nannten sie Heiden, aber sie waren keine Götzenanbeter. Sie waren ehrliche Männer, welche nach der Wahrheit suchten und Gottes Willen tun wollten.

Gott schaut auf das Herz der Menschen, und deshalb wusste Er, dass Er diesen Männern vertrauen konnte. Sie waren würdiger, das himmlische Licht zu empfangen als die jüdischen Priester, welche so voll Selbstsucht und Stolz waren.

Die weisen Männer waren Philosophen[7]. Sie hatten das Schöpfungswerk Gottes in der Natur studiert und hatten gelernt, Ihn

[7] Philosophen sind Menschen, die Antworten auf schwierige Fragen suchen wie: »Wer hat uns gemacht?« oder »Warum leben wir?«

durch die Natur zu lieben. Sie hatten die Sterne erforscht und kannten ihre Bewegungen. Sie liebten es, die Himmelskörper bei ihrem mächtigen Marsch zu beobachten. Wenn ein neuer Stern erschien, hießen sie seine Erscheinung als großes Ereignis willkommen. In jener Nacht, als die Engel zu den Hirten Bethlehems kamen, bemerkten die Weisen ein seltsames Licht am Himmel. Es war die Herrlichkeit, welche die Himmelsboten umgab.

Als dieses Licht erlosch, sahen sie am Himmel etwas, das wie ein neuer Stern aussah. Sofort dachten sie an die Prophezeiung, welche sagt: »Ein Stern geht auf aus Jakob[8]; ein Zepter kommt

aus Israel hervor.« 4. Mose 24,17. War dieser Stern ein Zeichen, dass der Messias gekommen war? Sie entschieden sich, ihm zu folgen und herauszufinden, wohin er sie führen würde. Er leitete

[8] Jakob war ein Gläubiger zur Zeit des Alten Testaments. Als Jakob ein reifer Mann war, gab Gott ihm einen neuen Namen: Israel (1. Mose 32,29). Der Name steht seither für das Volk Gottes. »Aus Jakob« bedeutet also »aus Gottes Volk« (1. Mose 35,10-12).

sie nach Judäa. Aber als sie in die Nähe von Jerusalem kamen, leuchtete der Stern so schwach, dass sie ihm nicht mehr folgen konnten.

In der Annahme, dass die Juden sie sofort zum Erlöser führen könnten, gingen die weisen Männer nach Jerusalem und sagten: »›Wo ist der neugeborene König der Juden? Wir haben Seinen Stern aufgehen sehen und sind gekommen, um Ihn anzubeten.‹ Ihre Frage versetzte Herodes in große Unruhe, und alle Einwohner Jerusalems mit ihm. Er berief eine Versammlung der obersten Priester und Schriftgelehrten ein. ›Wo soll denn der Christus nach Aussagen der Propheten zur Welt kommen?‹, fragte er sie. ›In Bethlehem‹, sagten sie, ›denn der Prophet hat geschrieben [...]‹« Matthäus 2,2-5.

Herodes wollte nichts von einem König hören, der eines Tages seinen Thron einnehmen könnte. So nahm er die weisen Männer zu sich und fragte sie, wann sie erstmals den Stern gesehen

hätten. Dann sandte er sie nach Bethlehem und sagte: »›Geht nach Bethlehem und sucht das Kind. Wenn ihr es gefunden habt, kommt wieder her und erzählt es mir, damit ich auch hingehen kann, um es anzubeten!‹ Nach dem Gespräch machten sich die Sterndeuter auf den Weg. Wieder erschien ihnen der Stern und führte sie nach Bethlehem. Er zog ihnen voran und blieb über dem Ort stehen, wo das Kind war. Als sie den Stern sahen, war ihre Freude groß. Sie gingen in das Haus und fanden das Kind mit seiner Mutter Maria, sanken vor ihm auf die Knie und beteten es an. Dann öffneten sie ihre Truhen mit Kostbarkeiten und beschenkten es mit Gold, Weihrauch und Myrrhe.« Matthäus 2,7-11.

Das Wertvollste, was sie hatten, brachten die weisen Männer dem Erlöser. Darin gaben sie uns ein Beispiel. Viele geben ihren irdischen Freunden Geschenke, aber haben keine für den himmlischen Freund, der ihnen jeden Segen gegeben hat. So sollten wir nicht handeln. Christus verdient von allem das Beste – von unserer Zeit, unserem Geld und unserer Liebe.

Wir dürfen Ihm geben, indem wir spenden, um den Armen zu helfen und Menschen über den Heiland zu unterrichten. Wir können also helfen, diejenigen zu retten, für die Er gestorben ist. Solche Geschenke segnet Jesus.

Die Flucht nach Ägypten

Herodes war nicht ehrlich gewesen, als er gesagt hatte, er wolle gehen und Jesus anbeten. Er fürchtete, dass der Heiland ein König werden würde und ihm sein Königreich wegnehmen könnte. Er wollte das Kind finden, um Es töten zu lassen.

Die weisen Männer bereiteten sich darauf vor, zu Herodes zurückzukehren und ihn zu informieren. Aber der Engel des Herrn erschien ihnen in einem Traum und sandte sie auf einem anderen Weg nachhause.

»Nachdem die Sterndeuter gegangen waren, erschien Josef im Traum ein Engel des Herrn. ›Steh auf und flieh mit dem Kind und seiner Mutter nach Ägypten‹, sagte der Engel. ›Bleib dort, bis ich dir sage, dass ihr zurückkehren könnt, denn Herodes will das Kind umbringen.‹« Matthäus 2,13.

Josef wartete nicht bis zum Morgen; er stand sofort auf und begann mit Maria und dem Kind mitten in der Nacht die lange Reise. Die weisen Männer hatten Jesus sehr wertvolle Geschenke gegeben, und auf diese Art sorgte Gott dafür, dass die Kosten der Reise und des Aufenthaltes in Ägypten gedeckt waren, bis sie wieder in ihr eigenes Land zurückkehren konnten.

Herodes war wütend, als er herausfand, dass die weisen Männer einen anderen Weg nachhause gegangen waren. Er wusste, was Gott durch Seinen Propheten über Christi Kommen gesagt

hatte. Er wusste, dass der Stern gesandt worden war, um die weisen Männer zu leiten. Dennoch war er entschlossen, Jesus zu töten. In seinem Zorn sandte er Soldaten, »die in Bethlehem und der ganzen Umgebung alle Jungen im Alter von zwei Jahren und jünger umbringen sollten.« Matthäus 2,16.

Wie sonderbar, dass ein Mensch gegen Gott kämpfen wollte! Wie grausam, unschuldige Kinder abschlachten zu lassen! Herodes hatte zuvor schon viele schlimme Dinge getan; aber sein gottloses Leben sollte bald enden. Er starb einen schrecklichen Tod.

Josef und Maria blieben bis nach Herodes' Tod in Ägypten. Dann erschien ein Engel Josef und sagte: »»Steh auf und bring das Kind und seine Mutter zurück in das Land Israel, denn die, die das Kind umbringen wollten, sind tot.«« Matthäus 2,20.

Josef hatte gehofft, dass Bethlehem, der Geburtsort von Jesus, das Zuhause seiner Familie werden würde. Aber als er in die Nähe von Judäa kam, hörte er davon, dass der Sohn des Herodes den Platz seines Vaters eingenommen hatte. Da fürchtete er sich, dorthin zu gehen, und wusste nicht, was er tun sollte. Darum sandte Gott einen Engel, um ihn zu leiten. Josef befolgte die Anweisungen des Engels und kehrte zu seinem alten Zuhause zurück: nach Nazareth.

Die Kindheit von Jesus

In Seiner Kindheit lebte Jesus in einem kleinen Bergdorf. Er war der Sohn Gottes und hätte jeden Ort dieser Erde als Sein Zuhause haben können. Jeder Platz wäre durch Ihn geehrt worden. Aber er ging an den Heimen der reichen Männer und den Palästen der Könige vorbei. Er entschied sich, unter den Armen in Nazareth zu sein. Jesus möchte, dass die Armen wissen, dass Er ihre Kämpfe versteht. Er hat alles ertragen, was sie ertragen müssen. Er kann sich in sie hineinversetzen und ihnen helfen.

Von Jesus in Seinen frühen Jahren erzählt die Bibel: »Dort wuchs Jesus heran und wurde groß und kräftig. Er war mit Weisheit erfüllt, und Gottes besondere Gnade ruhte auf Ihm.« »So wuchs Jesus heran und gewann an Weisheit. Gott liebte Ihn, und alle, die Ihn kannten, schätzten Ihn sehr.« Lukas 2,40.52.

Sein Verstand war scharf und aktiv. Er verstand schnell und zeigte einen Tiefgang im Denken und eine Weisheit, die Seinem Alter weit voraus war. Dennoch war Sein Verhalten einfach und kindlich, und Sein Verstand und Körper entwickelten sich nach und nach wie bei anderen Kindern. Aber Jesus war nicht in allen Dingen wie andere Kinder. Er zeigte immer eine angenehme, selbstlose Haltung. Seine willigen Hände waren immer bereit, anderen zu helfen. Er war geduldig und ehrlich. Beständig wie ein Felsen stand Er für das Recht ein. Er versäumte es nie, sanft und höflich zu allen zu sein. In Seinem Zuhause und wo immer Er war, war Er wie ein fröhlicher Sonnenstrahl. Er war tiefgründig und höflich zu den Älteren und den Armen und zeigte sogar den einfältigen Tieren Freundlichkeit. Er kümmerte sich zärtlich um einen kleinen, verwundeten Vogel, und jedes lebendige Wesen war glücklicher, wenn Er in der Nähe war.

Zu jener Zeit als Jesus aufwuchs, war es den Juden sehr wichtig, ihren Kindern eine gute Ausbildung zu geben. Ihre Schulen waren mit den Synagogen verbunden oder mit Orten der An-

betung. Die Lehrer wurden Rabbis oder Rabbiner genannt und galten als sehr gebildet. Jesus ging nicht zu solchen Schulen, denn sie lehrten viel Falsches. Anstatt Gottes Wort weiterzugeben, wurden menschliche Lehren studiert, und oft widersprachen diese den Weisheiten, die Gott durch seine Propheten verkündigt hatte.

Gott selbst leitete Maria durch den Heiligen[9] Geist an, wie sie Seinen Sohn erziehen sollte. Maria lehrte Jesus aus den Heiligen Schriften[10], und Er lernte, sie für sich selbst zu lesen und zu

9 »Heilig« bedeutet, dass etwas (oder jemand) zu Gott gehört und von Ihm gesegnet wird (2. Mose 20,11; 22,30). Es bedeutet auch, dass etwas besonders rein und kostbar ist (Psalm 15,1-5). Gott (der Vater, der Sohn und der Heilige Geist) wird auch als heilig beschrieben (2. Mose 15,11). Damit will man sagen, dass Er frei von Sünde ist, andere errettet, heilt und ihnen hilft, selbst heilig zu leben (3. Mose 11,45).

10 Die Heiligen Schriften bestanden damals aus dem Alten Testament der heutigen Bibel.

studieren. Jesus liebte es auch, die wundervollen Dinge, welche Gott auf der Erde und im Himmel gemacht hatte, zu erforschen. In diesem »Buch der Natur« betrachtete Er die Bäume, Pflanzen und Tiere, die Sonne und die Sterne.

Tag für Tag studierte Er sie und versuchte, von ihnen Lektionen zu lernen und den Sinn dahinter zu begreifen. Heilige Engel waren bei Ihm und halfen Ihm, von diesen Dingen etwas über Gott zu lernen. Und so gewann Er nicht nur an Größe und Stärke, sondern auch an Wissen und Weisheit.

Jedem Kind ist es möglich, Wissen zu sammeln, wie Jesus es tat. Wir sollten unsere Zeit dafür verwenden, nur das zu lernen, was wahr ist. Falsches und Fabeln sind nutzlos. Nur die Wahrheit ist für uns von Wert, und diese lernen wir von Gottes Wort und Seinen Werken. Die Engel werden uns dabei helfen, all das Gelernte zu verstehen.

Wir werden die Weisheit und Güte unseres himmlischen Vaters sehen. Unser Verstand wird dadurch gestärkt, unsere Herzen werden gereinigt, und wir werden Christus ähnlicher.

Jedes Jahr gingen Josef und Maria nach Jerusalem hinauf, um dort das Passahfest zu feiern. Als Jesus zwölf Jahre alt war, nahmen sie Ihn mit.

Dies war eine vergnügliche Reise. Die Menschen reisten zu Fuß oder ritten auf Ochsen und Eseln. Sie waren mehrere Tage unterwegs. Die Distanz von Nazareth nach Jerusalem beträgt ca. 110 km. Aus allen Teilen des Landes, sogar von anderen Ländern, gingen Menschen zu diesem Fest. Alle, die vom selben Ort kamen, reisten normalerweise zusammen als große Gruppe. Das Fest wurde Ende März oder Anfang April gefeiert. Es war die Frühlingszeit in Palästina, und das ganze Land war voller Blumen und erfüllt von den frohen Liedern der Vögel.

Unterwegs, erzählten die Eltern ihren Kindern von den wundervollen Taten Gottes für die Israeliten in der Vergangenheit.

Oft sangen sie zusammen manche der schönen Psalmen Davids.

In Christi Kindheit waren die Leute in ihrem Dienst Gott gegenüber kalt und formell geworden. Sie dachten lieber über ihr eigenes Vergnügen nach, statt darüber, wie gut Gott zu ihnen war. Aber so war es mit Jesus nicht. Er liebte es, über Gott nachzudenken. Als Er zum Tempel kam, beobachtete Er die Priester bei ihrer Arbeit. Er beugte sich mit den Anbetenden, als sie sich zum Gebet niederknieten, und Seine Stimme ertönte bei den Lobliedern.

Jeden Morgen und Abend wurde ein Lamm auf dem Altar geopfert. Dies geschah, um an den zukünftigen Tod des Erlösers zu erinnern. Als das Kind Jesus auf dieses unschuldige Opfer sah, lehrte der Heilige Geist Ihn, was es bedeutete. Er wusste, dass Er selbst als Lamm Gottes für die Sünden der Menschheit sterben musste.

Mit solchen Gedanken wollte Jesus alleine sein. Deshalb blieb Er nicht mit Seinen Eltern im Tempel, und als sie den Heimweg antraten, war Er nicht bei ihnen.

In einem Raum, der mit dem Tempel verbunden war, befand sich eine Schule, wo Rabbiner unterrichteten. Zu diesem Ort kam Jesus nach einer Weile. Er saß mit den anderen Jugendlichen zu Füßen der großen Lehrer und hörte ihren Worten zu.

Die Juden hatten viele falsche Vorstellungen über den Messias. Jesus wusste dies, aber Er widersprach den gelehrten Männern nicht. Als einer, der gerne lernen wollte, stellte Er Fragen darüber, was die Propheten geschrieben hatten.

Das 53. Kapitel des Jesaja spricht über den Tod des Erlösers. Jesus las dieses Kapitel und fragte nach dessen Bedeutung. Die Rabbis konnten keine Antwort geben. Sie begannen, Jesus zu befragen, und waren erstaunt über Seine Kenntnisse der Schriften.

Sie sahen, dass Er die Bibel weit besser verstand, als sie es taten. Sie erkannten, dass ihre Lehren falsch waren, aber sie waren nicht gewillt, ihren Glauben zu ändern. Weil Jesus aber so zurückhaltend und sanft auftrat, waren sie Ihm dennoch nicht böse. Sie wollten Ihn als Studenten behalten und Ihm beibringen, die Bibel so auszulegen wie sie.

Als Josef und Maria Jerusalem verließen und ihre Heimreise antraten, bemerkten sie nicht, dass Jesus zurückgeblieben war. Sie dachten, Er sei mit einigen ihrer Freunde zusammen. Als sie jedoch anhielten, um das Nachtlager aufzubauen, vermissten sie Seine helfende Hand. Sie suchten in der Reisegesellschaft nach Ihm, aber umsonst. Josef und Maria fürchteten sich sehr. Sie erinnerten sich, wie Herodes versucht hatte, Jesus als Baby zu töten und bekamen Angst, dass Ihm nun etwas Schlimmes zugestoßen sei. Mit sorgenvollem Herzen eilten sie zurück nach Jerusalem. Aber sie fanden Ihn erst am dritten Tag.

Groß war ihre Freude, als sie Jesus wiedersahen! Dennoch dachte Maria, es sei Seine Schuld, dass Er sie verlassen hatte. »›Kind!‹, sagte Seine Mutter zu Ihm. ›Wie konntest Du uns das antun? Dein Vater und ich waren in schrecklicher Sorge. Wir haben Dich überall gesucht.‹ ›Warum habt ihr mich gesucht?‹ fragte er. ›Ihr hättet doch wissen müssen, dass ich im Haus meines Vaters bin.‹« Lukas 2,48.49

Als Er diese Worte sprach, zeigte Jesus himmelwärts. Auf Seinem Gesicht war ein Licht, über das sie sich wunderten. Jesus wusste, dass Er der Sohn Gottes war, und Er hatte bloß getan, wozu Sein Vater Ihn auf diese Welt gesandt hatte.

Maria vergaß diese Worte nie. In den darauffolgenden Jahren verstand sie ihre wundervolle Bedeutung immer besser.

Josef und Maria liebten Jesus. Dennoch waren sie Ihm gegenüber sorglos gewesen, als sie Ihn verloren hatten. Sie hatten

genau den Auftrag vergessen, den Gott ihnen zu tun gegeben hatte. Durch ihre Unaufmerksamkeit hatten sie Jesus verloren.

Auf dieselbe Art verlieren heutzutage viele den Heiland aus ihrer Gegenwart. Wenn wir es nicht lieben, über Ihn nachzudenken oder zu Ihm zu beten; wenn wir unnütze, unfreundliche oder böse Worte reden, trennen wir uns von Christus. Ohne Ihn sind wir einsam und traurig.

Aber wenn wir uns wirklich nach Seiner Gegenwart sehnen, wird Er immer bei uns sein. Der Heiland liebt es, mit allen zu sein, welche Seine Gegenwart suchen. Er wird das ärmste Heim erleuchten und das Herz erfreuen, das am niedergedrücktesten ist.

Obwohl Er wusste, dass Er der Sohn Gottes war, ging Jesus wieder heim nach Nazareth mit Josef und Maria. Bis Er 30 Jahre alt war, war Er »ihnen ein gehorsamer Sohn«. Lukas 2,51.

Er, der Herrscher des Himmels, war auf er Erde ein liebender und gehorsamer Sohn. Immer wieder dachte Er über die großartigen Wahrheiten aus jenem Gottesdienst im Tempel nach. Er wartete auf Gottes auserwählten Zeitpunkt, um Sein Werk zu beginnen.

Jesus lebte im Heim eines Handwerkers, eines armen Mannes. Treu und fröhlich trug Er Seinen Teil dazu bei, die Familie zu unterstützen. Sobald Er alt genug war, lernte Er ein Handwerk und arbeitete in der Zimmermannswerkstatt mit Josef.

Im groben Gewand eines einfachen Arbeiters ging Er durch die Straßen der kleinen Stadt zur Arbeit und wieder zurück. Er verwendete Seine göttliche Kraft nicht, um Sein Leben leichter zu machen.

Weil Jesus in Kindheit und Jugend ein fleißiger Arbeiter war, wurde Er stark an Körper und Geist. Er versuchte, all Seine Kräfte so einzusetzen, dass Er gesund blieb. So war es Ihm möglich, auf jeder Ebene das Beste zu leisten.

Was immer Er tat, war exzellent. Er wollte perfekt sein, sogar im Umgang mit Werkzeugen. Sein Beispiel zeigt uns, dass wir fleißig sein sollten. Wir sollten genau und gut arbeiten und wissen, dass solch eine Arbeit ehrbar ist. Alle sollten eine Tätigkeit finden, welche sie für andere hilfreicher macht.

Gott gab uns die Arbeit als Segen, und Er ist glücklich über Kinder, die fröhlich ihren Teil in den Pflichten des Haushaltes übernehmen. So tragen sie die Lasten von Vater und Mutter mit. Solche Kinder werden später einmal ein Segen für andere sein.

Wenn Jugendliche versuchen, Gott in allem zu gefallen, und das Richtige tun, weil es richtig ist, werden sie auf dieser Welt nützlich sein. Erfüllen sie treu ihre bescheidenen Aufgaben, bereiten sie sich damit für einen höheren Posten vor.

Schwierige Tage

Die jüdischen Lehrer machten viele Regeln für die Menschen und verlangten von ihnen, vieles zu tun, was Gott nicht geboten hatte. Sogar die Kinder mussten diese Regeln lernen und ihnen gehorchen. Aber Jesus zeigte kein Interesse an den Lehren der Rabbiner. Er war bemüht, nicht respektlos über diese Lehrer zu sprechen, aber Er studierte die Schriften und gehorchte den Gesetzen Gottes. Oft wurde Er zurechtgewiesen, weil Er nicht dem folgte, was andere taten. Dann zeigte Er aus den Heiligen Schriften, welches der richtige Weg war.

Jesus versuchte immer, andere glücklich zu machen. Weil Er so freundlich und sanftmütig war, dachten die Rabbiner, sie könnten Ihn leicht dazu bringen, sich ihnen unterzuordnen. Aber sie schafften es nicht. Wenn Er gedrungen wurde, ihren Regeln zu

gehorchen, fragte Er, was die Schriften dazu lehrten. Was immer sie sagten, würde Er tun.

Das machte die Rabbiner wütend. Sie wussten, dass ihre Regeln den Heiligen Schriften widersprachen. Dennoch wollten sie nicht akzeptieren, dass Jesus sich weigerte, ihnen zu gehorchen.

Sie beschwerten sich über Ihn bei Seinen Eltern. Josef und Maria hielten die Rabbiner für gute Männer und machten Jesus Vorwürfe, was für Ihn hart zu ertragen war.

Die Brüder Jesu stellten sich ebenso auf die Seite der Rabbiner. Die Worte dieser Lehrer – so sagten die Brüder – sollten als Worte Gottes gelten. Sie warfen Jesus vor, dass Er sich über die Leiter des Volkes stellte.

Die Rabbiner dachten von sich selbst, sie seien besser als andere, und sie wollten nicht mit gewöhnlichen Leuten zusammen sein. Die Armen und Unwissenden verachteten sie. Sogar die Kranken und Leidenden ließen sie ohne Hoffnung und Trost.

Jesus zeigte allen Menschen gegenüber liebevolles Interesse. Jedem Leidenden, den Er traf, versuchte Er zu helfen. Er hatte wenig Geld zu geben, aber oft verzichtete Er auf Sein Essen, um anderen helfen zu können.

Wenn Seine Brüder ungehalten mit armen, hoffnungslosen Menschen waren, ging Jesus zu diesen Menschen und sagte ihnen freundliche und ermutigende Worte.

Jenen, die hungrig oder durstig waren, brachte Er einen Becher mit kaltem Wasser und oft auch das Essen, das eigentlich Seine eigene Mahlzeit gewesen wäre. All dies gefiel Seinen Brüdern nicht. Sie bedrohten Ihn und versuchten, Ihn einzuschüchtern, aber Er blieb dabei, nur das zu tun, was Gott Ihm sagte.

Die Versuchungen und Kämpfe, welchen Jesus begegnete, waren vielfältig. Satan[11] beobachtete Ihn pausenlos und versuchte, Ihn zu überwinden.

Hätte Jesus nur einmal etwas Falsches getan oder nur ein ungeduldiges Wort gesprochen, hätte Er nicht unser Erlöser sein können, und die ganze Welt wäre verloren gewesen. Satan wusste das und versuchte umso hartnäckiger, Jesus zur Sünde zu verleiten. Der Erlöser war ständig unter der Obhut himmlischer Engel. Dennoch, dennoch war Sein Leben ein langer Kampf gegen die Mächte der Dunkelheit. Niemand von uns wird jemals so starken Versuchungen ausgesetzt sein wie Er.

---

[11] Satan heißt auf Hebräisch »Ankläger« und »Gegner«. Er wurde einst Luzifer (das heißt auf Hebräisch »Lichtträger«, »Glanzstern« und »Sohn der Morgenröte«) genannt und war ein prachtvoller Engel, bis er stolz wurde und an Gott Stelle herrschen wollte (Jesaja 14,12-14). Er wird in der Bibel auch »Feind Gottes« und »Teufel«, »Drache«, »alte Schlange« oder »Verführer« genannt (Offenbarung 12,9). Auch Beelzebub ist ein Name für ihn (Matthäus 12,27). Die Bibel berichtet davon, dass durch Satan das Böse ins Universum gekommen ist (1 Johannes 3,8), dass er Menschen von Gott wegziehen will (1 Mose 3) und dass Jesus am Kreuz über ihn gesiegt hat (Hebräer 2,14).

Aber für jede Versuchung hatte Er eine Antwort: »Es steht geschrieben ...« Das falsche Verhalten Seiner Brüder tadelte Er selten, aber Er sagte ihnen, was Gott gesprochen hatte.

Nazareth war eine gottlose Stadt, und die Kinder und Jugendlichen versuchten Jesus dazu zu bringen, ihren bösen Wegen zu folgen. Er war klug und fröhlich, und sie waren gerne mit Ihm zusammen. Aber Seine göttlichen Prinzipien weckten ihren Ärger. Oft wurde Er beschimpft, weil Er sich weigerte, etwas Verbotenes mitzumachen. Er wurde belächelt und musste sich anhören, Er nähme die kleinen Dinge zu genau. Zu allem war Seine Antwort: »Es steht geschrieben ...« »›Ehrfurcht vor dem Herrn zu haben ist Weisheit und dem Bösen aus dem Wege zu gehen ist Erkenntnis.‹« Hiob 28,28.

Das Böse zu lieben, bedeutet, den Tod zu lieben, denn »der Lohn der Sünde ist der Tod.« Römer 6,23. Jesus kämpfte nicht um Sein Recht. Wenn Er grob behandelt und ausgenutzt wurde, ertrug Er es geduldig. Weil Er so willig und klaglos war, wurde Ihm die Arbeit oft unnötig erschwert. Dennoch war Er nicht entmutigt, denn Er wusste, dass Gott sich über Seine Treue freute.

Seine glücklichsten Stunden waren, wenn Er alleine mit der Natur und Gott war. Wenn Seine Arbeit zu Ende war, liebte Er es, in die Felder zu gehen, in den grünen Tälern über Gott nachzudenken und in den Bergen oder inmitten der Bäume des Waldes mit Gott zu sprechen.

Er hörte der Lerche zu, die ihre Lieder dem Schöpfer sang, und stimmte in das fröhliche und dankbare Loblied mit ein.

Mit singender Stimme begrüßte Er das Morgenlicht. Bei Tagesanbruch wurde Er oft an einem stillen Ort gefunden, wo Er über Gott nachdachte und die Bibel studierte oder betete.

Von diesen friedvollen Stunden kam Er zurück in Sein Zuhause, um Seine Pflichten wieder aufzunehmen und ein Beispiel für geduldiges Arbeiten zu geben. Wo immer Er war, schien Seine

Gegenwart die Engel anzuziehen. Der Einfluss Seines reinen, heiligen Lebens wurde von allen wahrgenommen. Unverdorben und unbefleckt wandelte Er unter den Gedankenlosen, den Rohen, den Unhöflichen. Mitten unter den ungerechten Steuereintreibern, den rücksichtslosen Verschwendern, den unaufrichtigen Samaritern, den heidnischen Soldaten und den groben Kerlen war er zu finden.

Immer wieder sprach Er ein einfühlsames Wort, wenn Er beladene Menschen sah, obwohl Er selber gezwungen war, schwere Lasten zu tragen. Er teilte ihre Lasten und wiederholte für sie die Lektionen, die Er von der Natur über die Liebe, Freundlichkeit und Güte Gottes gelernt hatte.

Er ermutigte sie, ihre eigenen wertvollen Talente zu erkennen, welche – wenn sie korrekt verwendet wurden – ihnen himmlische Schätze bescheren würden. Durch Sein eigenes Beispiel zeigte Er ihnen, dass jeder Moment von Wert ist und für Gutes verwendet werden sollte.

Niemand war in Seinen Augen wertlos. Selbst die derbsten und am wenigsten versprechenden Menschen versuchte Er zu ermutigen. Er erzählte ihnen, dass Gott sie als Seine Kinder liebte und dass ihr Charakter Gott ähnlich werden könnten.

So arbeitete Jesus auf eine stille Art und Weise von Kindheit an für andere. Weder Lehrer, noch nicht einmal Seine eigenen Brüder konnten Ihn davon abbringen. Mit ganzer Hingabe führte Er den Plan Seines Lebens aus, das Licht der Welt zu sein.

DIE TAUFE[12]

Als die Zeit für Christi öffentlichen Dienst gekommen war, war Seine erste Tat, zum Jordan zu gehen und sich von Johannes dem Täufer taufen zu lassen.

Johannes war gesandt worden, um den Weg für den Erlöser vorzubereiten. Er hatte in der Wildnis gepredigt und gesagt: »›Das Reich Gottes ist nahe! Kehrt euch ab von euren Sünden und glaubt an diese gute Botschaft!‹« Markus 1,15.

Große Menschenmassen scharten sich um ihn. Viele wurden überzeugt von ihren Sünden und wurden von ihm im Jordan getauft. Gott hatte Johannes wissen lassen, dass eines Tages der Messias kommen und ihn um die Taufe bitten würde. Er hatte auch versprochen, ihm ein Zeichen zu geben, damit er wisse, wer der Messias war.

Als Jesus kam, sah Johannes in Seinem Gesicht eine so heilige Ausstrahlung, dass er ausrief: »›Eigentlich müsste ich mich von Dir taufen lassen ... Warum kommst Du zu mir?‹ Jesus erwiderte: ›Es muss sein. Wir müssen es so halten, wie es von Gott aus sein soll.‹« Matthäus 3,14f.

Und als Er dies gesagt hatte, lag auf Seinem Gesicht dasselbe himmlische Licht, das Simeon wahrgenommen hatte. So leitete Johannes den Erlöser hinunter in das Wasser des wunder-

[12] Mit der Taufe zeigen die Menschen, dass ihnen ihre bösen Taten leidtun und sie von nun an mit Gott leben wollen. Dazu werden sie vollständig in Wasser untergetaucht. Das Wasser ist wie ein Grab, in das der alte Mensch gelegt wird. Es zeigt auch, dass Jesus durch Sein Opfer am Kreuz unsere Sünden von uns abwäscht und aus uns einen neuen Menschen – ein Kind Gottes – macht (Apostelgeschichte 2,38; 8,35-39; Kolosser 2,12). In der Bibel werden nur Erwachsene getauft, weil sie verstehen können, was bei der Taufe passiert. Kinder wurden noch nicht getauft, aber Jesus segnete sie und sagte, dass die Kinder zu Gott gehören (Matthäus 19,14).

schönen Jordans und taufte Ihn vor allen anwesenden Leuten. Jesus wurde nicht getauft, um Vergebung zu erhalten; denn Er hatte nie gesündigt. Er tat es, um uns ein Beispiel zu geben.

Als Er aus dem Wasser stieg, kniete Er am Flussufer nieder und betete. Da öffnete sich der Himmel. Strahlen der Herrlichkeit strömten hervor, »und Er sah den Geist Gottes wie eine Taube herabschweben und sich auf Ihn niederlassen.« Matthäus 3,16.

Sein Gesicht und Seine Gestalt erstrahlten im Licht der Herrlichkeit Gottes. Vom Himmel wurde die Stimme Gottes gehört, die sagte: »›Dies ist mein geliebter Sohn, an Ihm habe ich große Freude.‹« Matthäus 3,16f.

Die Herrlichkeit, welche auf Christus ruhte, war eine Versicherung der Liebe Gottes zu uns. Der Erlöser kam als unser Vorbild; und genauso sicher, wie Gott Sein Gebet hörte, wird Er auch unseres hören.

Gerade die es am nötigsten brauchen, die am meisten gesündigt haben, die welche am verachtetsten sind, dürfen zum Vater kommen. Wenn wir zu Ihm in Jesu Namen kommen, wird die Stimme, die zu Jesus gesprochen hat, auch zu uns sprechen und sagen: »Das ist mein geliebtes Kind, an ihm habe ich große Freude.«

Die Versuchung[13]

Nach Seiner Taufe wurde Jesus vom Geist in die Wildnis geführt, um vom Teufel versucht zu werden. Als Er in die Wildnis ging, wurde Christus vom Heiligen Geist geleitet. Er lud die Versuchung nicht ein. Er wollte alleine sein, um über Seine Mission und Seine Arbeit nachzudenken.

Durch Gebet und Fasten wollte Er sich für den blutbefleckten Weg rüsten, den Er gehen musste. Aber Satan wusste, wo der Heiland hingegangen war; also ging er dort hin, um Ihn zu versuchen.

Als Christus den Jordan verließ, strahlte Sein Gesicht durch die Herrlichkeit Gottes. Aber nachdem Er in die Wildnis gegangen war, verschwand diese Herrlichkeit.

Die Sünden der Welt lagen auf Ihm, und Sein Gesicht zeigte solche Sorge und solche Qual, wie Menschen sie nie erlebt hatten. Er litt für die Sünder.

Adam und Eva waren Gott im Garten Eden ungehorsam gewesen, als sie von der verbotenen Frucht gegessen hatten. Ihr Ungehorsam hatte Sünde, Sorge und Tod in die Welt gebracht.

Christus kam, um ein Beispiel des Gehorsams zu geben. In der Wildnis, nachdem Er 40 Tage gefastet hatte, wich Er nicht – nicht einmal für das Essen – vom Willen Seines Vaters ab.

Eine der Versuchungen, welche unsere ersten Eltern besiegte, war die Versuchung, dem Appetit nachzugeben. Durch Sein langes Fasten zeigte Christus uns, dass Appetit beherrscht werden kann.

---

[13] Als Versuchung bezeichnet die Bibel Momente, in denen Satan oder jemand anders versucht, uns von Gott wegzuziehen und dazu zu bringen, etwas zu tun, was Gott nicht gefällt (Sprüche 1,10; Matthäus 6,13), oder anders gesagt, uns zu einer Sünde zu verführen (1. Mose 4,7).

Satan versucht Menschen mit Genuss, weil dieser den Körper schwächt und den Verstand vernebelt.

Dann weiß er, dass er sie leichter vom guten Weg abbringen und zerstören kann.

Aber Christi Beispiel lehrt uns, dass jeder falsche Wunsch überwunden werden muss. Unser Appetit soll uns nicht beherrschen; wir sollen über ihn herrschen.

Als Satan Christus zum ersten Mal erschien, schaute er aus wie ein Engel des Lichts. Er gab sich als ein Bote des Himmels aus.

Er sagte Jesus, es sei nicht der Wille Seines Vaters im Himmel, dass Jesus dieses Leid aushalten müsse. Er solle nur die Bereitschaft zeigen zu leiden. Als Jesus gegen den größten Hunger ankämpfte, sagte Satan zu Ihm: »›Wenn Du der Sohn Gottes bist, dann verwandle diese Steine in Brot.‹« Matthäus 4,3.

Aber weil der Heiland gekommen war, um uns ein lebendiges Beispiel zu geben, musste Er Leiden aushalten, wie auch wir es aushalten müssen. Ihm war nicht erlaubt, für sich selbst Wunder zu wirken. Seine Wunder waren alle zum Wohl anderer. Auf die Forderung Satans antwortete Er: »›Nein! Die Schrift sagt: ‚Der Mensch braucht mehr als nur Brot zum Leben. Er lebt auch von jedem Wort, das aus dem Mund Gottes kommt.‹« Matthäus 4,4.

So zeigte Er, dass es viel wichtiger ist, Gott gehorsam zu sein als immer zu essen zu haben. Wer Gottes Wort gehorcht, hat die Zusage, dass er alles Lebensnotwendige erhalten wird. Und er hat das Versprechen des ewigen Lebens.

Satans erste große Versuchung war gescheitert. Als Nächstes trug er Christus auf den höchsten Punkt der Tempelmauer in Jerusalem und sagte: »›Wenn Du der Sohn Gottes bist, dann spring hinunter! Denn die Schrift sagt: Er befiehlt Seinen Engeln, dich zu beschützen. Sie werden dich auf ihren Händen tragen, damit deine Füße niemals stolpern.‹« Matthäus 4,6.

Satan folgte hier dem Beispiel Christi, indem er die Bibel zitierte. Aber dieses Versprechen ist nicht für jene gedacht, die sich willentlich in Gefahr begeben. Gott hatte Jesus nicht gesagt, Er solle sich vom Tempel hinunterwerfen. Jesus tat Satan diesen Gefallen nicht. Er erwiderte: »›Die Schrift sagt aber auch: ‚Fordere den Herrn, deinen Gott nicht heraus.‹« Matthäus 4,7.

Wir sollen darauf bauen, dass unser himmlischer Vater uns gerne beschützt. Aber wir sollen nicht dahin gehen, wo Er uns nicht hinsendet, oder etwas tun, was Er uns verboten hat.

Gott ist gnädig und vergibt uns gerne. Darum behaupten manche, es sei nicht schlimm, Ihm ungehorsam zu sein. Aber sie täuschen sich sehr. Gott wird allen vergeben, die seine Vergebung suchen und nichts Böses mehr tun wollen. Aber wer weiterhin ungehorsam sein will, kann nicht von Gott gesegnet werden.

Satan erschien nun als das, was er wirklich war – der Herrscher über die Mächte der Finsternis. Er nahm Jesus auf die Spitze eines hohen Berges und zeigte Ihm all die Königreiche der Welt.

Das Sonnenlicht lag auf den prächtigen Städten, Marmorpalästen, ertragreichen Äckern und Weinbergen. »›Das alles schenke ich Dir‹, sagte er, ›wenn Du vor mir niederkniest und mich anbetest.‹« Matthäus 4,9.

Einen Moment lang schaute Christus auf die Aussicht. Dann drehte Er sich weg. Satan hatte Ihm die Welt im besten Licht präsentiert; aber der Heiland durchschaute die oberflächliche Schönheit.

Er sah die Welt in ihrem Elend und ihrer Sünde, in ihrer Trennung von Gott. All dieses Elend war das Ergebnis davon, dass der Mensch von Gott weggegangen war, um Satan anzubeten.

Christus wollte von ganzem Herzen die verlorenen Menschen erlösen und die Welt noch schöner und prächtiger machen, als sie es damals im Paradies gewesen war. Er wollte Frieden zwischen Menschen und Gott schließen.

Für die sündige Menschheit widerstand Er der Versuchung. Er wurde zum Überwinder, damit die Menschen mit Seiner Hilfe auch überwinden können. Nur so können sie den Engeln gleich werden und als würdig erachtet werden, Gottes Kinder zu heißen.

Auf Satans Aufforderung, ihn anzubeten, antwortete Christus: »›Scher dich fort von hier, Satan‹, ... ›Denn die Schrift sagt: Du sollst den Herrn, deinen Gott, anbeten und nur Ihm allein dienen.‹« Matthäus 4,10.

Die Liebe zur Welt, die Machtgier und der Stolz des Lebens – alles, was den Menschen wegzieht von der Anbetung Gottes – wurden in diese große Versuchung Christi miteingebaut. Satan bot Christus die Welt und ihre Reichtümer an, wenn Er sich den Prinzipien des Bösen unterordnete. Auf die gleiche Weise präsentiert Satan auch uns die scheinbaren Vorteile, wenn wir etwas Verbotenes tun. Er flüstert uns zu: »Um in dieser Welt erfolgreich zu sein, musst du mir dienen. Nimm es mit der Wahrheit und der Ehrlichkeit nicht zu genau. Folge meinem Rat, und ich werde dir Reichtümer, Ehre und Glück geben.« Wenn wir auf diesen Rat hören, beten wir Satan an statt Gott. Dies wird uns nur in Leid und unser Verderben treiben.

Christus hat uns gezeigt, was wir tun sollen, wenn wir versucht werden. Als Er Satan antwortete: »Scher dich weg«, musste der Versucher Seinem Befehl gehorchen. Er war gezwungen zu gehen. Bebend vor Wut und sprachlos vor Hass verließ der Anführer der Rebellen den Erlöser der Welt.

Der Kampf war für eine Weile beendet. Christi Sieg war so vollkommen wie einst das Versagen Adams.

Genauso können wir der Versuchung widerstehen und Satan überwinden. Der Herr sagt uns: »Widersteht dem Teufel, und er wird euch verlassen. Kommt zu Gott, und Gott wird euch entgegenkommen.« Jakobus 4,7f.

Der Beginn Seines Wirkens

Von der Wildnis kam Jesus zurück zum Jordan, wo Johannes der Täufer predigte. Die Herrscher Jerusalems hatten gerade Männer zu Johannes geschickt, um ihn zu fragen, wer ihm erlaubt habe, die Menschen zu lehren und zu taufen.

Sie fragten, ob Er der Erlöser sei oder der Elia oder »dieser Prophet«, womit sie Mose meinten. Darauf antwortete er, »›Ich bin es nicht.‹« Johannes 1,21 (Elb.). Dann fragten sie: »›Wer bist du dann? Sag es uns, damit wir die Antwort denen überbringen können, die uns geschickt haben. Was sagst du selbst, wer du bist?‹ Johannes antwortete mit den Worten des Propheten Jesaja: ›Ich bin eine Stimme, die in der Wüste ruft: Ebnet den Weg für das Kommen des Herrn!‹« Johannes 1,22.23

Wenn damals ein König von einem Teil seines Landes zum anderen reisen musste, wurden Männer vor seiner Kutsche hergesandt, um die Straßen zu reparieren. Sie mussten Bäume fällen,

Steine entfernen und Schlaglöcher auffüllen, damit der Weg für den König eben war.

Als nun Jesus – der himmlische König – kam, wurde Johannes der Täufer gesandt, um den Weg für ihn vorzubereiten. Dies tat er, indem er die Menschen dazu aufforderte, ihre Sünden zu bereuen.

Als Johannes den Boten Jerusalems antwortete, sah er Jesus am Flussufer stehen. Sein Gesicht leuchtete auf, und er streckte seine Hand aus und sagte: »›... hier mitten unter euch steht einer, den ihr noch nicht kennt. Er wird aber schon bald nach mir kommen. Ich bin nicht einmal wert, Sein Diener zu sein.‹«
Johannes 1,26f.

Die Menschen waren tief bewegt. Der Messias war unter ihnen! Sie sahen sich neugierig um, um den Einen zu finden, von dem Johannes gesprochen hatte. Aber Jesus war in der Menge untergetaucht und den Blicken entflohen.

Am nächsten Tag sah Johannes Jesus wieder, zeigte auf Ihn und rief: »›Seht her! Das ist das Lamm Gottes, das die Sünde

der Welt wegnimmt!«« Dann erzählte Johannes vom Zeichen, das bei Christi Taufe gesehen worden war. »»Das habe ich nun gesehen, und deshalb bezeuge ich, dass dieser Mann der Sohn Gottes ist.«« Johannes 1,29.34.

Mit Staunen und Bewunderung schauten die Zuhörer Jesus an. Sie fragten sich, ob Er wirklich der Christus war.

Sie sahen, dass Jesus keine Zeichen weltlichen Reichtums oder Ruhmes trug. Seine Kleidung war schlicht und einfach, wie sie die armen Leute trugen. Aber Sein blasses, abgekämpftes Gesicht war etwas, das ihre Herzen bewegte.

In diesem Gesicht lasen sie Würde und Macht; und jeder Blick Seiner Augen, ja, Seine ganze Erscheinung zeugte von himmlischem Mitgefühl und unerschütterlicher Liebe.

Aber die Botschafter aus Jerusalem fühlten sich nicht zum Heiland hingezogen. Johannes hatte nicht das gesagt, was sie hören wollten. Sie erwarteten, dass der Messias als mächtiger Eroberer kommen würde. Sie erkannten, dass dies nicht Jesu Aufgabe war, und wandten sich enttäuscht von Ihm ab.

Am nächsten Tag sah Johannes Jesus wieder und nochmals rief er: »›Seht hin! Dieser ist das Lamm Gottes!‹« Johannes 1,36.

Zwei von Johannes' Nachfolgern standen nahe bei Jesus und folgten Ihm nach. Sie hörten Seinen Lehren zu und wurden zu Seinen Jüngern. Einer der beiden war Andreas, der andere Johannes. Andreas brachte bald seinen eigenen Bruder Simon hinzu, den Jesus später Petrus nannte. Am nächsten Tag berief Christus auf dem Weg nach Galiläa einen anderen Jünger: Philippus. Sobald Philippus den Erlöser angenommen hatte, brachte er seinen Freund Nathanael hinzu.

Auf diese Weise begann Christi großes Werk auf dieser Erde. Einen nach dem anderen berief Er als Seinen Jünger, und einer brachte seinen Bruder, ein anderer seinen Freund. So soll jeder Nachfolger Christi handeln. Sobald er selbst Jesus kennt, soll er anderen erzählen, welch wertvollen Freund er gefunden hat. Jeder kann das tun, ob jung oder alt.

Im galiläischen Kanaan waren Jesus und Seine Jünger auf einer Hochzeit. Um die Hochzeitsgesellschaft glücklich zu machen, bewies Jesus Seine Wunder wirkende Macht. Es war Brauch in jenem Land, dass man zu solchen Anlässen Wein, das heißt den Saft von Weintrauben, trank. Bevor das Fest zu Ende war, ging jedoch der Wein aus. Dies wurde als Zeichen mangelnder Gastfreundschaft angesehen und war sehr peinlich für die Gastgeber.

Christus wurde berichtet, was passiert war, und Er bat die Diener, sechs große Tonkrüge mit Wasser zu füllen. Dann sagte er: »»Schöpft daraus und bringt es dem Zeremonienmeister.«« Johannes 2,8. Statt Wasser kam Wein heraus. Dieser Wein war viel besser als der, welcher zuvor serviert worden war, und es gab genug für alle. Nachdem Er das Wunder vollbracht hatte, ging Jesus leise weg. Erst, als Er schon gegangen war, wurde den Gästen klar, was Er getan hatte.

Christi Geschenk an die Hochzeitsgesellschaft war ein Symbol. Das Wasser war ein Bild für die Taufe und der Wein war ein Bild für Sein Blut, das für die Welt gegeben werden sollte.

Der Wein, den Jesus machte, war kein vergorenes, alkoholhaltiges Getränk, das betrunken macht und viele große Übel nach sich zieht. Solchen Wein hat Gott verboten. Er sagt: »Wein ruft Spott hervor; starkes Getränk beschwört Streit herauf. Wer sich betrinkt, der kann nicht weise sein.« »Am Ende beißt er wie eine giftige Schlange und sticht wie eine Otter.« Sprüche 20,1; 23,32.

Der Wein auf diesem Fest war reiner, süßer Traubensaft. Der Prophet Jesaja beschrieb ihn als »Saft in einer Traube« und sagte: »Verdirb es nicht, denn es ist ein Segen darin!« Jesaja 65,8 (Luth).

Dass Jesus auf einer Hochzeit zu Gast war, zeigt, dass es Ihm gefällt, wenn Menschen auf eine gute Weise zusammen feiern. Er mochte es, Menschen glücklich zu sehen. Oft besuchte Er sie in ihren Heimen und versuchte, sie dazu zu bringen, ihre Sorgen und Schwierigkeiten zu vergessen und über Gottes Güte und Liebe nachzudenken. Davon redete Er, wo immer Er hinkam. Wenn ein Menschenherz für die himmlische Botschaft offen war, erklärte Er die Wahrheiten des Erlösungsplans.

Eines Tages, als Er durch Samarien zog, setzte Er sich bei einem Brunnen nieder, um auszuruhen. Als eine samaritische Frau dorthin kam, um Wasser zu holen, bat Er sie um etwas zu trinken.

Die Frau wunderte sich darüber, denn sie wusste, wie sehr die Juden die Samariter hassten. Aber Christus erzählte ihr, Er könne ihr lebendiges Wasser geben. Darüber wunderte sie sich noch mehr. Denn Jesus sagte zu ihr: »›Wenn die Menschen dieses Wasser getrunken haben, werden sie schon nach kurzer Zeit wieder durstig. Wer aber von dem Wasser trinkt, das ich ihm geben werde, der wird niemals Durst haben. Das Wasser, das ich ihm gebe, wird in ihm zu einer nie versiegenden Quelle, die unaufhörlich bis ins ewige Leben fließt.‹« Johannes 4,13f. Mit dem lebendigen Wasser meinte Er den Heiligen Geist. Wie ein durstiger Reisender Wasser zum Trinken braucht, so benötigen wir Gottes Geist in unseren Herzen. Wer von diesem Wasser trinkt, wird nie wieder durstig werden.

Der Heilige Geist bringt Gottes Liebe in unsere Herzen. Er befriedigt unsere Bedürfnisse, so dass die Reichtümer, Ehren und Vergnügen dieser Welt uns nicht mehr anziehen. Er erfüllt uns auch mit so einer Freude, dass wir anderen ebenso davon geben wollen. Er wird in uns zu einer Wasserquelle, die wie ein Segensstrom überall hinfließt.

Und jeder, in dem Gottes Geist Wohnt, wird für immer mit Christus in Seinem Königreich leben. Lassen wir Ihn im Glauben in unser Herz, ist dies der Beginn des ewigen Lebens.

Christus erklärte der Frau, Er könne ihr diese wertvolle Segnung geben, wenn sie darum bitte. So wie ihr damals wird Er sie auch uns geben.

Diese Frau hatte Gottes Gebote gebrochen, und Christus zeigte ihr, dass Er die Sünden ihres Lebens kannte. Aber Er zeigte auch, dass Er ihr Freund war, dass Er sie liebte, dass Er mit ihr fühlte und dass Gott sie als Sein Kind annehmen würde, wenn sie bereit wäre, ihre Sünden aufzugeben.

Wie froh war sie, als sie das erfuhr! In Ihrer Freude eilte sie zurück in die Stadt und rief die Menschen, damit sie kämen, um Jesus zu sehen.

Also kamen sie zum Brunnen und baten Ihn, bei ihnen zu bleiben. Das tat Er gerne. Zwei Tage lang lehrte Er sie, und viele hörten auf Seine Worte. Sie waren traurig über ihre schlechten Taten und glaubten an Ihn als ihren Erlöser.

Während Seines Dienstes besuchte Jesus zweimal Seine alte Heimat Nazareth. Beim ersten Besuch ging Er am Sabbat zur Synagoge.

Hier las Er aus Jesajas Prophezeiung vor, welche Aufgaben der Messias hatte: den Armen die frohe Botschaft verkünden, die Besorgten trösten, den Blinden das Augenlicht geben und die Verwundeten heilen.

Dann sagte Er den Menschen, dass all dies an jenem Tag erfüllt war: Er selbst vollbrachte diese Taten.

Die Zuhörer freuten sich sehr über Seine Worte. Sie glaubten, dass Jesus der versprochene Erlöser war. Ihre Herzen wurden vom Heiligen Geist bewegt, und sie reagierten mit vielen Amen-Rufen und Lobpreisungen.

Dann erinnerten sie sich, wie Jesus als Zimmermann unter ihnen gelebt hatte. Oft hatten sie Ihn in Josefs Werkstatt arbeiten sehen. Obwohl in Seinem Leben nur Taten der Liebe und Gnade sichtbar gewesen waren, wollten sie nicht glauben, dass Er der Messias war.

Ihre Zweifel öffneten Satan uns seinem bösen Einfluss die Tür. Dann wurden sie von Wut gegen den Heiland erfüllt. Sie schrien Ihn an und waren entschlossen, Ihn umzubringen.

Sie trieben Ihn weg und wollten, Ihn über einen steilen Abgrund stoßen. Aber heilige Engel waren in der Nähe, um Jesus zu beschützen. Er ging unversehrt durch die Menge hindurch und verschwand.

Bei Seinem nächsten Besuch in Nazareth waren die Menschen nicht besser vorbereitet, Ihn zu empfangen. So kam es, dass Jesus nie wieder in Seine Heimatstadt zurückkehrte.

Christus arbeitete für jeden, der Seine Hilfe wollte. Überall im Land scharten sich die Leute um Ihn. Als Er heilte und sie lehrte, war große Freude da. Der Himmel schien auf die Erde gekommen zu sein, und sie freuten sich über die Gnade des barmherzigen Erlösers.

Die Lehren Christi

Unter den Juden bestand der Glaube nur noch aus einer Riesenmenge leerer Formen. Sie hatten sich von der wahren Anbetung Gottes entfernt und die geistliche Kraft Seines Wortes verloren. Stattdessen versuchten sie nun, diese Leere durch ihre selbst erfundene Zeremonien und Traditionen zu füllen. Nur das Blut Christi kann uns von Sünde reinigen. Nur Seine Kraft kann Menschen vor dem Sündigen bewahren. Aber die Juden vertieften sich in ihren eigenen Werken und religiösen Vorschriften, um sich die Erlösung zu verdienen. Wegen ihres Eifers für diese Vorschriften dachten sie, sie seien gerecht und bekämen mit Sicherheit einen Platz in Gottes Königreich erhalten.

Aber ihre Hoffnungen waren auf weltliche Größe ausgerichtet. Sie sehnten sich nach Reichtum und Macht als Belohnung für ihre scheinbare Frömmigkeit.

Sie hielten nach einem Messias Ausschau, der Sein Reich auf dieser Erde aufbaute. Er sollte wie ein mächtiger Prinz die Menschen beherrschen. Sie warteten darauf, bei Seinem Kommen alles zu erhalten, was auf dieser Welt wertvoll ist. Jesus wusste, dass ihre Hoffnungen enttäuscht würden. Er war gekommen, um ihnen etwas viel Besseres zu bringen. Er war gekommen, um die wahre Anbetung Gottes wiederherzustellen. Er wollte ihnen reine Herzen bringen, die sich in einem reinen Leben und einem heiligen Charakter zeigte.

In der wundervollen Bergpredigt erklärte Jesus, was Gott am wertvollsten ist und was wirkliches Glück ist.

Die Jünger des Heilandes dachten, dass die Rabbiner in vielem Recht hatten. Deshalb waren die Lektionen der Bergpredigt zu allererst für die Jünger gedacht. Das, was Jesus ihnen beibrachte, ist auch für uns wichtig. Wir müssen dasselbe lernen. »›Glücklich sind die, die erkennen, dass sie Gott brauchen.‹« sagte Jesus in Matthäus 5,3. Wer erkennt, dass er Gott braucht, der weiß,

wie sündhaft er ist und wie sehr Gott in seinem Leben fehlt. Er weiß auch, dass er aus sich selbst keine gute Tat vollbringen kann, und sehnt sich nach Gottes Hilfe. Solchen Menschen wird Gott Seinen Segen geben.

»Denn so spricht der Hohe und Erhabene, der in der Ewigkeit wohnt, der, dessen Name der Heilige ist: ›Ich wohne an der hohen, heiligen Stätte und bei denen, die einen zerschlagenen und gedemütigten Sinn haben, um die Gedemütigten neu zu beleben und die zerschlagenen Herzen wieder aufleben zu lassen.‹« Jesaja 57,15.

»›Glücklich sind die, die traurig sind.‹« Matthäus 5,4. Damit sind nicht Menschen gemeint, die sich beschweren und jammern und mit einem sauren, betrübten Blick durch die Gegend gehen. Es geht um Menschen, die wirklich traurig über ihre Sünden sind und Gott um Vergebung bitten.

Ihnen wird Er freimütig vergeben. Er sagt: »Ich will ihre Trauer in Freude verwandeln und will sie trösten. Ihren Kummer will ich wegnehmen und ihnen stattdessen Freude schenken.« Jeremia 31,13.

»›Glücklich sind die Freundlichen und Bescheidenen.‹« Matthäus 5,5. Christus sagt: »›Ich will euch lehren, denn ich bin demütig und freundlich.‹« Matthäus 11,29.

Wenn Er ungerecht behandelt wurde, gab Er für das Böse Gutes zurück. Durch Sein Beispiel zeigte Er, dass wir auch so handeln sollen. »›Glücklich sind die, die nach Gerechtigkeit hungern und dürsten.‹« Matthäus 5,6.

Gerechtigkeit bedeutet, das Richtige zu tun. Das ist der Gehorsam gegenüber Gottes Gesetz; denn das Gesetz zeigt uns, was richtig und gerecht ist. Die Bibel sagt: »alle deine Gebote sind gerecht« Psalm 119,172.

Christus lehrte die Menschen durch Sein Beispiel, dieses Gesetz zu befolgen. In Seinem Leben können wir erkennen, wie gerecht und gut das Gesetz ist. Sehnen wir uns nach diesem Guten, so als hätten wir großen Hunger und Durst, erfüllt Christus unsere Sehnsucht. Er verändert uns innerlich so, dass wir denken, reden und handeln wie Er.

Eltern wollen ihren Kindern gerne das Beste von allem geben. Noch viel mehr als diese Eltern wünscht Gott sich, dass Er uns Seinen Geist geben darf. Sein Versprechen ist: »›Bittet, und ihr werdet erhalten.‹« Lukas 11,9; Matthäus 7,7. Alle, die nach Gerechtigkeit hungern und dürsten, sollen von Gottes Geist erfüllt werden.

»Glücklich sind die Barmherzigen.« Matthäus 5,7. Barmherzig zu sein bedeutet, andere besser zu behandeln, als sie es verdient haben. So hat Gott uns behandelt. Er liebt es, barmherzig mit uns zu sein. Er ist freundlich den Undankbaren und Bösen gegenüber.

Auf diese Weise lehrt Er uns, wie wir miteinander umgehen sollen. Er sagt: »Seid stattdessen freundlich und mitfühlend zueinander und vergebt euch gegenseitig, wie auch Gott euch durch Christus vergeben hat.« Epheser 4,32. »›Glücklich sind die, die ein reines Herz haben.‹« Matthäus 5,8.

Für Gott ist wichtig, wer wir wirklich sind, und nicht, was wir anderen über uns selbst erzählen oder vorspielen. Ihm ist nicht wichtig, wie schön wir aussehen – Er möchte, dass unsere Herzen rein sind. Dann werden wir auch das Richtige sagen und tun.

König David betete: »Gott, erschaffe in mir ein reines Herz.« »HERR, lass dir die Worte meines Mundes und die Gedanken meines Herzens gefallen! HERR, mein Fels und mein Erlöser.« Psalm 51,12; 19,15. Dies sollte auch unser Gebet sein.

»›Glücklich sind die, die sich um Frieden bemühen.‹« Matthäus 5,9. Wer sich so sanft und demütig benimmt wie Christus, wird ein Friedensstifter sein. Er fordert keinen Streit heraus und gibt keine wütende Antwort. Er macht seine Eltern und seine Geschwister glücklich und verbreitet Frieden und Segen in seiner Umgebung. »›Glücklich sind die, die verfolgt werden, weil sie in Gottes Gerechtigkeit leben.‹« Matthäus 5,10.

Christus wusste, dass um Seinetwillen viele Seiner Jünger ins Gefängnis kommen und sogar umgebracht würden. Aber Er sagte, sie sollten deswegen keine Angst haben.

Nichts kann denen schaden, welche Christus lieben und Ihm nachfolgen. Er wird immer mit ihnen sein. Es mag sein, dass man sie tötet, aber Er wird ihnen das Leben geben, welches nie endet, und eine herrliche Krone, die nie verblasst.

Und von ihnen werden andere vom wundervollen Heiland erfahren. Christus sagte zu Seinen Jüngern: »›Ihr seid das Licht der Welt.‹« Matthäus 5,14. Jesus würde bald von der Welt weg zu Seinem himmlischen Heim gehen. Aber die Jünger sollten allen Menschen von Seiner Liebe erzählen. Sie sollten das Licht der Menschen sein.

Die Lampe im Leuchtturm scheint hinaus in die Dunkelheit, um die Schiffe sicher in den Hafen zu leiten. Genauso sollen Christi Nachfolger in dieser dunklen Welt scheinen, um Menschen zu Christus und in die himmlische Heimat zu führen.

Diese Aufgabe haben alle Nachfolger Christi. Er bittet sie, mit Ihm zusammenzuarbeiten, um andere zu retten.

Solche Lehren waren den Zuhörern Christi fremd und neu, und Er wiederholte sie viele Male. Einmal kam ein Mann zu Ihm, der sich im Gesetz besonders gut auskannte. Er fragte: »›Meister, was muss ich tun, um das ewige Leben zu bekommen?‹ Jesus erwiderte: ›Was steht darüber im Gesetz Moses? Was liest du dort?‹ Der Mann antwortete: ›Du sollst den Herrn, deinen

Gott, von ganzem Herzen, von ganzer Seele, mit deiner ganzen Kraft und all deinen Gedanken lieben.‹ Und: ›Liebe deinen Nächsten wie dich selbst.‹ ›Richtig!‹, bestätigte Jesus. ›Tu das, und du wirst leben!‹« Der Gesetzeslehrer hatte dies nicht getan. Er wusste, dass er andere nicht geliebt hatte wie sich selbst. Statt zu bereuen, versuchte er, eine Entschuldigung für seine Selbstsucht zu finden. Deshalb fragte er Jesus: »›Und wer ist mein Nächster?‹« Lukas 10,25-29.

Die Priester und Rabbiner diskutierten oft über diese Frage. Sie nannten die Armen und Unwissenden nicht ihre Nächsten und zeigten ihnen somit keine Freundlichkeit. Christus beteiligte sich nicht an ihren Diskussionen; Er beantwortete die Frage mit einer Geschichte über etwas, das kurz zuvor passiert war.

Ein bestimmter Mann – erzählte Jesus – ging von Jerusalem hinunter nach Jericho. Die Straße war steil und steinig, und er kam durch ein wildes, einsames Gebiet. Hier wurde der Mann von Räubern überfallen, die ihm alles nahmen, was er hatte. Er wurde geschlagen, verwundet und dann dort liegen gelassen, um zu sterben. Da kamen ein Priester und danach ein Levit vom Tempel in Jerusalem des Weges. Aber anstatt dem armen Mann zu helfen, wechselten sie nur die Straßenseite.

Diese Männer waren auserwählt worden, in Gottes Tempel zu dienen. Sie hätten wie Er sein sollen, voller Barmherzigkeit und Freundlichkeit. Aber ihre Herzen waren kalt und gefühllos.

Nach einiger Zeit kam ein Samariter vorbei. Die Samariter wurden von den Juden verachtet und gehasst – nicht einmal einen Schluck Wasser oder einen Brocken Brot hätten sie ihnen gegeben. Aber der Samariter hielt sich nicht mit solchen Gedan-

ken auf. Er dachte nicht einmal darüber nach, dass die Räuber vielleicht auch nach ihm Ausschau halten könnten.

Dort lag blutend ein Fremder und wartete auf seinen Tod. Der Samariter nahm seinen Umhang ab und wickelte ihn um den sterbenden Mann.

Er gab ihm von seinem Traubensaft zu trinken und goss Öl auf seine Wunden. Er hob den Verletzten auf seinen Esel, brachte ihn zu einer Herberge und kümmerte sich die ganze Nacht um ihn.

Am nächsten Morgen, bevor er wegging, bezahlte er den Gastwirt, damit dieser sich um ihn kümmerte, bis er stark genug war, für sich selbst zu sorgen. Diese Geschichte erzählte Jesus. Dann wandte Er sich an den Gesetzeslehrer und fragte: »›Wer von den dreien war nun deiner Meinung nach der Nächste für den Mann, der von Räubern überfallen wurde?‹« Der Gesetzeslehrer antwortete: »›Der, der Mitleid hatte und ihm half.‹ Jesus antwortete: ›Ja. Nun geh und mach es genauso.‹« Lukas 10,35-37. Auf

diese Weise lehrte Jesus, dass jeder, der unsere Hilfe braucht, unser Nächster ist. Wir sollen ihn genauso behandeln, wie wir selbst behandelt werden wollen.

Der Priester und der Levit taten so, als ob sie sich an Gottes Gebote hielten, aber es war der Samariter, der sich wirklich daran hielt. Sein Herz war freundlich und liebevoll.

Als er sich um den verwundeten Fremden kümmerte, zeigte er Gott und diesem Mann gleichermaßen seine Liebe. Denn es gefällt Gott, wenn wir einander Gutes tun. Wir zeigen unsere Liebe zu Ihm, indem wir freundlich zu den Menschen um uns herum sind.

Ein freundliches, liebendes Herz ist mehr wert als alle Reichtümer dieser Welt. Wenn Menschen leben, um Gutes zu tun, zeigen sie, dass sie Gottes Kinder sind. Sie sind diejenigen, welche mit Christus in Seinem Reich sein werden.

Das Halten des Sabbats

Der Heiland hielt den Sabbat und brachte Seinen Jünger bei, ihn auch zu halten. Er wusste, wie der Sabbat gehalten werden sollte, denn Er selbst hatte ihn für heilig erklärt. Die Bibel sagt: »Denk an den Sabbat und heilige ihn.« »Der siebte Tag aber ist ein Ruhetag für den HERRN, Deinen Gott.« »›Denn in sechs Tagen hat der HERR Himmel und Erde geschaffen, doch am siebenten Tag ruhte Er aus und erholte sich.‹« 2. Mose 20,8.10.11; 31,17f. Christus hatte für Seinen Vater gearbeitet, als Er die Welt erschaffen hatte, und Er hatte auch den Sabbat gemacht. Die Bibel sagt: »Durch Ihn wurde alles geschaffen, was ist.« Johannes 1,3.

Wenn wir die Sonne und die Sterne, die Bäume und die wunderschönen Blumen anschauen, sollen wir daran denken, dass Christus dies alles gemacht hat. Er erschuf auch den Sabbat, um uns zu helfen, Seine Liebe und Macht in Erinnerung zu behalten.

Die jüdischen Lehrer hatten viele Regeln dazu erfunden, wie man den Sabbat halten sollte, und sie wollten, dass jeder ihren Regeln gehorchte. Deshalb beobachteten sie den Heiland, um zu sehen, was Er tun würde.

Eines Sabbats, als Christus und Seine Jünger von der Synagoge nach Haus gingen, kamen sie an einem Weizenfeld vorbei. Es war spät, und die Jünger waren sehr hungrig. Deshalb brachen sie einige Ähren ab, zerrieben sie zwischen ihren Händen und aßen die Körner.

An jedem anderen Tag wäre es erlaubt gewesen, sich von einem Weizenfeld oder Obstgarten im Vorbeigehen etwas zu essen mitzunehmen. Aber am Sabbat war dem nicht so. Christi Feinde sahen, was die Jünger taten, und sagten zum Heiland: »»Deine Jünger dürfen das nicht! Es verstößt gegen das Gesetz, am Sabbat Korn zu ernten.«« Matthäus 12,2.

Doch Christus verteidigte Seine Nachfolger. Er erinnerte Seine Ankläger an David, welcher in einer Notsituation vom heiligen Brot des Heiligtums gegessen und davon auch seinen hungrigen Begleitern gegeben hatte.

Wenn es für David in Ordnung war, im Hunger dieses heilige Brot zu essen, war es dann für die hungrigen Jünger nicht auch in Ordnung, am heiligen Sabbat Ähren zu pflücken? Der Sabbat war nicht als Belastung für die Menschen geschaffen worden. Er sollte ihnen gut tun und Frieden und Ruhe geben. Deshalb sagte unser Herr:

»»Der Sabbat wurde zum Wohl des Menschen gemacht und nicht der Mensch für den Sabbat.«« Markus 2,27.

»An einem anderen Sabbat befand sich ein Mann mit einer verkrüppelten Hand in der Synagoge, während Jesus lehrte. Die Schriftgelehrten und Pharisäer passten genau auf, ob Jesus den Mann am Sabbat heilen würde, denn sie suchten nach einem Vorwand, Anklage gegen Ihn zu erheben. Doch Jesus wusste sehr wohl, was sie dachten. Er sagte zu dem Mann mit der verkrüppelten Hand: ›Komm her und stell dich hier in die Mitte.‹ Da stand der Mann auf. Dann sagte Jesus zu ihnen: ›Ich habe eine Frage an euch. Entspricht es dem Gesetz, am Sabbat Gutes zu tun, oder ist der Sabbat ein Tag, um Schaden zuzufügen? Ist er ein Tag, um Leben zu retten oder zu vernichten?‹ ... Zornig und erschüttert über ihre Hartherzigkeit sah Er sie an. Dann forderte Er den Mann auf: ›Streck deine Hand aus.‹ Der Mann streckte seine Hand aus und sie wurde wieder gesund!« »Darüber gerieten die Gegner Jesus außer sich vor Zorn und sie begannen, Pläne zu schmieden, was sie gegen ihn unternehmen könnten.« Lukas 6,6-9.11; Markus 3,5.

Der Erlöser zeigte, wie unvernünftig sie waren, indem Er ihnen eine Frage stellte: »»Wenn ihr nur ein einziges Schaf hättet und es fiele am Sabbat in einen Brunnen, würdet ihr nicht alles daransetzen, es herauszuziehen?«« Darauf gaben sie keine Antwort. So sagte Er: »»Wie viel mehr ist ein Mensch wert als ein Schaf? Daher ist es erlaubt, am Sabbat Gutes zu tun!«« Matthäus 12,11f.

»Es ist erlaubt« bedeutet, dass es nach Gottes Gesetz ist. Christus tadelte die Juden nie dafür, dass sie das Gesetz Gottes einhielten oder den Sabbat ehrten. Im Gegenteil, Er betonte immer, wie wichtig das Gesetz in allen seinen Vorschriften ist.

Jesaja prophezeite von Christus: »Er macht das Gesetz groß und herrlich.« Jesaja 42,21 (Elb). Das bedeutet, dass Jesus den Menschen die Schönheit und Erhabenheit von Gottes Ordnungen bewusst machte.

Christus machte das Gesetz groß, indem Er in jedem Detail seine wundervolle Bedeutung ans Licht brachte. Er zeigte, dass es nicht nur in Taten befolgt werden soll, weil andere uns sehen können, sondern auch in Gedanken – da, wo nur Gott sieht.

Auf den Vorwurf, Er sei gekommen, um das Gesetz beiseitezuschieben, sagte Er: »›Ich bin nicht gekommen, um das Gesetz oder die Schriften der Propheten abzuschaffen. Im Gegenteil, ich bin gekommen, um sie zu erfüllen.‹« Matthäus 5,17.

Das Gesetz zu erfüllen, bedeutet, es zu halten oder auszuleben Jakobus 2,8. Deshalb sagte Er auch, als Er sich von Johannes im Jordan taufen ließ: »›Wir müssen alles so halten, wie es von Gott aus sein soll.‹« Matthäus 3,15. Das Gesetz zu halten, bedeutet, Ihm vollständig zu gehorchen.

Gottes Gesetz kann nie verändert werden, denn Christus sagte: »›Solange der Himmel und die Erde bestehen, wird selbst die

kleinste Einzelheit von Gottes Gesetz gültig bleiben, so lange, bis alles erfüllt ist.«« Matthäus 5,18.

Als Er die Frage stellte: »»Entspricht es dem Gesetz, am Sabbat Gutes zu tun, oder ist der Sabbat ein Tag, um Schaden zuzufügen?«« zeigte Christus, dass Er in den Herzen dieser verdorbenen und ihn beschuldigenden Pharisäer lesen konnte. Lukas 6,9.

Während Er versuchte, Leben zu retten, indem Er die Kranken heilte, versuchten sie, Leben zu zerstören und Ihn zu Tode zu bringen. War es besser, am Sabbat zu töten, wie sie es zu tun planten, oder die Leidenden zu heilen, wie Jesus es tat?

War es besser, Mordgedanken an Gottes heiligem Tag im Herzen zu haben, oder Liebe zu alle Menschen – Liebe, die sich in Freundlichkeit und Barmherzigkeit zeigte?

Manchmal beschuldigten die Juden Christus, den Sabbat zu brechen. Oft versuchten sie Ihn zu töten, weil Er ihn nicht nach ihren Traditionen hielt. Aber das machte für Ihn keinen Unterschied. Er hielt den Sabbat so, wie Gott es möchte.

In Jerusalem war ein großer Teich namens Bethesda. Manchmal bewegte sich das Wasser in diesem Teich. Die Menschen glaubten, dass dann ein Engel des Herrn hinunter zum Teich ginge und das Wasser aufwühlte. Sie dachten, dass der Erste, der nach diesen Bewegungen ins Wasser stieg, geheilt würde, egal, an welcher Krankheit er litt.

Unzählige Kranke kamen zu dem Teich und hofften auf Heilung, nur um enttäuscht zu werden. Denn wenn der Teich sich bewegte, stürmten so viele Menschen gleichzeitig zum Wasser, dass immer jemand schneller war.

An einem Sabbattag kam Jesus nach Bethesda. Sein Herz war voll Mitleid, als er die armen Leidenden dort sah.

Ein Mann schien elender zu sein als alle anderen. 38 Jahre lang war er ein hilfloser Krüppel gewesen. Kein Arzt hatte ihn heilen können. Viele Male war er nach Bethesda gebracht worden. Aber wenn das Wasser sich bewegte, stieg ein anderer vor ihm hinein. Nach so vielen Jahren vergeblicher Bemühungen hatte er fast keine Kraft mehr. Wenn er nicht bald Hilfe bekam, müsste er sterben.

Als er so dort lag, hob er ab und zu seine Augen, um auf den Teich zu schauen. Da bückte sich ein liebevolles Gesicht über ihn, und er hörte eine Stimme sagen: »›Willst du gesund werden?‹« Der Mann antwortete niedergeschlagen: »›Herr, ich kann nicht, denn ich habe niemanden, der mich in den Teich trägt, wenn sich das Wasser bewegt. Während ich noch versuche, hineinzugelangen, steigt immer schon ein anderer vor mir hinein.‹« Er wusste nicht, dass der Eine neben ihm war, der heilen konnte, und zwar jeden noch so schweren Fall. Christus sagte zu dem Mann: »›Steh auf, nimm deine Matte und geh!‹« Sofort versuchte er, dem Befehl zu gehorchen, und Kraft kam in ihn.

Er sprang auf seine Füße und stellte fest, dass er stehen und gehen konnte. Was für eine Freude war das!

Er nahm sein Bett und eilte weg, dabei lobte er Gott bei jedem Schritt. Bald traf er einige Pharisäer und erzählte ihnen von seiner wundervollen Heilung. Sie schienen nicht froh zu sein, sondern hielten ihm vor, am Sabbattag verbotenerweise sein Bett zu tragen. Der Mann berichtete ihnen: »›Der Mann, der mich geheilt hat, sagte zu mir: Nimm deine Matte und geh!‹« Johannes 5,1-11.

Nun wandte sich der Ärger der Pharisäer gegen denjenigen, der ihm gesagt hatte, er solle sein Bett am Sabbattag tragen.

In Jerusalem, wo der Heiland gerade war, lebten viele gelehrte Rabbiner. Hier verbreiteten sie ihre falschen Vorstellungen vom Sabbat unter den Menschen. Die Juden kamen von überall her, um Gott im Tempel anzubeten, und deshalb wurden die Lehren der Rabbiner überall hingetragen. Christus wollte diese falschen Ansichten korrigieren. Deshalb heilte Er den Mann am Sabbat und befahl ihm, sein Bett zu tragen. Er wusste, dass diese Handlung die Aufmerksamkeit der Rabbiner auf sich ziehen und Ihm die Gelegenheit geben würde, sie auf ihren Irrtum hinzuweisen. Genau so kam es auch. Die Pharisäer brachten Christus zum Sanhedrin, dem Hohen Rat der Juden, um die Anklage des Sabbatbrechens zu klären. Der Heiland sagte, dass Sein Handeln mit dem Sabbatgebot vereinbar sei. »›Mein Vater hat bis heute nicht aufgehört zu wirken und deshalb wirke ich auch.‹« Johannes 5,17.

Gott arbeitet unaufhörlich daran, alles Lebendige zu erhalten. Sollte Seine Arbeit am Sabbattag aufhören? Sollte Gott der Sonne verbieten, am Sabbat zu scheinen? Sollte Er ihre Strahlen davon abhalten, die Erde zu erwärmen und die Pflanzen am Leben zu erhalten?

Sollten die Bäche davon abgehalten werden, die Felder zu bewässern, und sollten die Gezeiten des Meeres Ebbe und Flut – aufhören? Sollten Weizen und Mais am Wachsen gehindert werden und die Bäume und Blumen am Sabbat keine Knospen oder Blüten öffnen?

Dann gäbe es für die Menschen keine Früchte des Landes und keine Segnungen, welche ihr Leben erhalten. Die Natur muss ununterbrochen ihre Arbeit tun, sonst würde der Mensch sterben. Auch wir Menschen haben an diesem Tag eine Arbeit zu tun. Was lebensnotwendig ist, muss erledigt werden. So sollen wir uns um die Kranken kümmern und den Leidenden geben, was sie brauchen. Gott möchte nicht, dass Seine Geschöpfe auch nur eine Stunde unnötig leiden müssen, wenn ihnen am Sabbat oder irgendeinem anderen Tag geholfen werden kann.

Die Arbeit des Himmels endet nie, und wir sollten auch nie aufhören, Gutes zu tun. Das Gesetz verbietet uns, am Ruhetag Gottes unsere eigene Arbeit zu tun. Die Arbeit für unser Gehalt muss aufhören; jede Anstrengung für weltliches Vergnügen oder gegen Bezahlung ist eine Gesetzesübertretung. Aber der Sabbat soll nicht in nutzloser Untätigkeit verbracht werden. Wie Gott nach der Erschaffung der Welt am Sabbat ausruhte, so sollen wir auch ausruhen. Er bittet uns, unsere täglichen Beschäftigungen wegzulegen und diese heiligen Stunden einer gesunden Ruhe, der Anbetung und guten Taten zu widmen.

Der gute Hirte

Der Heiland sprach von sich selbst als einem Hirten und von Seinen Nachfolgern als Seiner Herde. Er sagte: »›Ich bin der gute Hirte, ich kenne meine Schafe und sie kennen mich.‹« Johannes 10,14

Christus würde Seine Jünger bald verlassen, und Er sagte dies, um ihnen Mut zu machen. Wenn Er nicht mehr bei ihnen wäre, würden diese Worte sie trösten.

Wann immer sie einen Hirten mit seiner Herde beobachteten, würden sie an die Liebe des Heilandes und Seine Fürsorge für sie denken.

In Israel blieb der Hirte Tag und Nacht bei seiner Herde. Über die steinigen Hügel und durch die Wälder leitete er sie tagsüber zu schönen Weideplätzen an Flussufern.

Nachts bewachte er sie, um sie vor wilden Tieren und Räubern zu beschützen, die sich oft in der Nähe aufhielten.

Liebevoll kümmerte er sich um die Zerbrechlichen und Kränklichen. Die kleinen Lämmer nahm er in seine Arme und trug sie an seiner Brust.

Egal, wie groß die Herde war, der Hirte kannte jedes Schaf. Jedes Tier hatte einen eigenen Namen, mit dem es gerufen wurde.

Genauso kümmert sich Christus – der himmlische Hirte – um Seine Herde, die auf der ganzen Welt verteilt lebt. Er kennt uns alle beim Namen. Er kennt das Haus, in dem wir leben, und den Namen von jedem, der darin wohnt. Er kümmert sich um jeden von uns, als ob es keinen anderen Menschen auf der Welt gäbe. Der himmlische Hirte ging vor uns – Seinen Schafen – her und beseitigte alle Gefahren. Schafhirten haben sich damals mit wilden Tieren und Räubern angelegt. Manchmal wurde ein Hirte sogar getötet, während er seine Herde hütete.

Auf diese Weise hütet der Heiland die Herde Seiner Nachfolger. Er ist uns vorausgegangen. Er hat auf der Erde gelebt, auf der wir leben. Er war ein Kind, ein Jugendlicher, ein Mann. Er hat Satan und all seine Versuchungen überwunden, damit wir auch überwinden können.

Er starb, um uns zu retten. Obwohl Er jetzt im Himmel ist, vergisst Er uns nicht einen Moment lang. Er wird jedes Schaf sicher bewahren. Nicht eines, das Ihm folgt, kann vom großen Feind weggenommen werden.

Ein Schafhirte konnte hundert Schafe haben, aber wenn eines fehlte, blieb er nicht bei denen, die im Stall waren. Er ging, um das verlorene Schaf zu suchen.

Draußen in der dunklen Nacht, durch den Sturm, über die Berge und Täler, wanderte er. Er ruhte nicht, bis das Schaf gefunden war.

Dann nahm er es in seine Arme, und trug es zurück zur Herde. Er beschwerte sich nicht über die lange, anstrengende Suche,

sondern sagte froh: »›Freut euch mit mir; denn ich habe mein Schaf gefunden, das verloren war.‹« Lukas 15,4-7 (Elb).

Die Fürsorge des himmlischen Hirten gilt nicht nur den Schafen, die sich in Seinem Stall befinden. Er sagt: »›Der Menschensohn ist gekommen, die Verlorenen zu retten.‹« Matthäus 18,11. »›Genauso ist im Himmel die Freude über einen verlorenen Sünder, der zu Gott zurückkehrt, größer als über neunundneunzig andere, die gerecht sind und gar nicht erst vom Weg abirrten!‹« Lukas 15,7.

Wir haben gesündigt und wir sind von Gott weggewandert. Christus sagt, dass wir wie Schafe sind, welche von der Herde weggewandert sind. Er ist gekommen, um uns zu helfen, ohne Sünde zu leben. Er ruft uns zurück zu Seiner Herde.

Wenn wir mit dem Hirten zurückkommen und aufhören zu sündigen, sagt Christus zu den Engeln im Himmel: »Freut euch mit mir; denn ich habe mein verlorenes Schaf gefunden.« Und fröhlicher Gesang erschallt vom Engelschor und erfüllt den ganzen Himmel mit der prächtigsten Melodie.

Christus vergleicht sich nicht mit einem sorgenbeladenen Hirten, der ohne die Schafe zurückkommt. Damit verspricht Er uns, dass nicht ein einziges der streunenden Schafe aus Gottes Stall übersehen wird. Nicht einer von uns wird hilflos zurückgelassen. Wer gerettet werden will, wird vom Heiland aus der Wüste der Sünde gerettet.

Darum darf jedes umherirrende Schaf Mut fassen. Der gute Hirte sucht nach dir.

Vergiss nicht, dass es Seine Mission ist dass Sein Werk darin besteht, »zu suchen, was verloren ist.« Damit bist du gemeint. Wenn du zweifelst, dass es Gott möglich ist, dich zu erlösen, dann zweifelst du an der rettenden Kraft Jesu, der dich zu einem unendlich teuren Preis erworben hat. Tausch deinen Unglauben gegen Glauben aus! Schau auf die Hände, welche für dich durchbohrt worden sind, und freue dich über ihre Kraft, dich zu erlösen. Erinnere dich, dass Gott und Christus an dir interessiert sind und dass alle Heerscharen des Himmels im Erlösungswerk für Sünder mitarbeiten.

Als Christus auf der Erde war, zeigte Er durch Seine Wunder, dass Er die Macht hatte, uns voll und ganz zu erretten. Indem Er die Krankheiten des Körpers heilte, bewies Er, dass Er fähig war, die Sünde aus dem Herzen wegzunehmen.

Er brachte die Lahmen zum Gehen, die Tauben zum Hören und die Blinden zum Sehen. Er reinigte die armen Leprakranken, heilte den Gelähmten und alle möglichen anderen Krankheiten.

Auf Sein Wort hin mussten sogar die bösen Engel aus den Menschen herauskommen, die sie besessen hatten. Diejenigen, die dieses wunderbare Werk sahen, sagten erstaunt: »›Welche Vollmacht und Kraft in den Worten dieses Mannes liegen! Selbst böse Geister gehorchen Ihm und weichen, wenn Er es befiehlt!‹« Lukas 4,36.

Als Jesus ihn aufforderte, konnte Petrus auf dem Wasser gehen. Aber er musste seine Augen auf den Heiland gerichtet halten. Sobald er wegschaute, begann er zu zweifeln und zu sinken.

Dann rief er: »›Herr, rette mich!‹«, und der Heiland streckte Seine Hand aus, um ihn hochzuziehen. Matthäus 14,28-31. Das ist bis heute so: Immer, wenn jemand Ihn um Hilfe bittet, streckt Christus Seine Hand zur Rettung aus.

Der Heiland erweckte Tote zum Leben. Einer davon war der Sohn der Witwe von Nain. Die Menschen trugen ihn gerade zum Grab, als sie Jesus trafen. Er nahm die Hand des jungen Mannes, half ihm auf und gab ihn seiner Mutter lebendig zurück. Da gingen die Trauergäste jubelnd und Gott lobend zurück nach Hause.

Genauso wurde auch die Tochter von Jairus erweckt, und Christi Worte riefen sogar Lazarus, der schon vier Tage tot gewesen war, aus seinem Grab.

Wenn Christus wieder auf die Erde kommt, wird Seine Stimme in die Gräber dringen und die toten Gläubigen werden auferstehen zu einem herrlichen, unendlichen Leben. Sie werden in Ewigkeit mit dem Heiland zusammen sein. 1. Thessalonicher 4,16f.

Während Seiner Dienstzeit auf Erden tat unser Heiland eine wundervolle Arbeit. In der Antwort, die Er Johannes dem Täufer sandte, sprach Er darüber. Johannes war im Gefängnis und mutlos geworden; er wurde sogar von Zweifeln geplagt, ob Jesus wirklich der Erlöser sei. Deshalb sandte er einige seiner Nachfolger, um den Heiland zu fragen: »›Bist Du wirklich der, der kommen soll, oder sollen wir auf einen anderen warten?‹« Als die Botschaft Jesus erreichte, waren um Ihn herum Kranke, die Er gerade heilte. Den ganzen Tag warteten die Boten, während Er sich mit unermüdlichem Eifer bemühte, den Leidenden zu helfen. Schließlich sagte Er: »›Geht zurück zu Johannes und berichtet ihm, was ihr gesehen und gehört habt: Blinde sehen, Gelähmte gehen, Aussätzige werden gesund, Taube hören, Tote werden zum Leben erweckt und den Armen wird die gute Botschaft verkündet.‹« Matthäus 11,3-5.

Dreieinhalb Jahre ging Jesus so umher, um Gutes zu tun. Dann kam die Zeit für das Ende Seines Dienstes. Mit Seinen Jüngern musste Er nach Jerusalem gehen, um verraten, verurteilt und gekreuzigt zu werden. So sollten Seine eigenen Worte sich erfüllen: »›Der gute Hirte opfert Sein Leben für die Schafe.‹« Johannes 10,11.

»Dennoch: Er nahm unsere Krankheiten auf sich und trug unsere Schmerzen. Und wir dachten, Er wäre von Gott geächtet, geschlagen und erniedrigt! Doch wegen unserer Vergehen wurde Er durchbohrt, wegen unserer Übertretungen zerschlagen. Er wurde gestraft, damit wir Frieden haben. Durch Seine Wunden wurden wir geheilt! Wir alle gingen in die Irre wie Schafe. Jeder ging seinen eigenen Weg. Doch Ihn ließ der HERR die Schuld von uns allen tragen.« Jesaja 53, 4-6.

Der Ritt nach Jerusalem

Jesus näherte sich Jerusalem, um am Passahfest teilzunehmen. Er war umgeben von Menschenmassen, welche auch zu diesem großen, jährlichen Fest gingen. Auf Seine Anordnung hin brachten zwei Seiner Jünger ein Eselfohlen, auf dem Er nach Jerusalem reiten konnte. Sie breiteten ihre Kleidung auf dem Tier aus und setzten ihren Herrn darauf.

Sobald Er saß, zerriss ein lauter Siegesschrei die Luft. Die Menschenmenge lobte Ihn als den Messias und ihren König. Mehr als 500 Jahre zuvor hatte der Prophet diese Szene vorausgesagt: »Juble laut, du Volk Zion! ... Seht, euer König kommt zu euch ... demütig und reitet auf einem Esel – ja, auf dem Fohlen eines Esels.« Sacharja 9,9.

Alle in der rasch zunehmenden Schar waren glücklich und aufgeregt. Sie konnten Ihm keine kostbaren Geschenke anbieten, aber sie breiteten ihre Kleider vor Ihm wie einen Teppich aus.

Sie brachen wunderschöne Zweige von Olivenbäumen und Palmen ab und streuten sie auf den Weg. Sie dachten, Christus sei auf dem Weg, den Thron Davids in Jerusalem zu besteigen.

Der Heiland hatte Seinen Nachfolgern zuvor noch nie erlaubt, Ihn wie einen König zu ehren. Aber nun wollte Er der Welt zeigen, dass Er der Erlöser war.

Der Sohn Gottes war kurz davor, sich als Opfer für die Sünden der Menschheit hinzugeben. Seine Nachfolger sollten in all den Jahren nach diesem Ereignis ganz ernst und tief über Seinen Tod nachdenken und nachforschen. Deshalb war es damals notwendig, dass die Blicke aller Menschen nun auf Ihn gerichtet wurden.

Nach einer Szene wie dieser konnte Seine Verurteilung und Kreuzigung niemals vor der Welt verheimlicht werden. Es war Gottes

Plan, dass jeder Vorfall in den letzten Tagen des Lebens Jesu so klar wie möglich hervorstechen sollte. So verhinderte Gott, dass wir Menschen diese Augenblicke jemals vergessen würden.

In der großen Menschenmenge, die Jesus begleitete, waren die lebenden Beweise Seiner wunderwirkenden Macht.

Die Blinden, die Er sehend gemacht hatte, führten den Zug an.

Die Stummen, die nun wieder sprechen konnten, riefen am lautesten Hosianna.

Die Lahmen, welche Er geheilt hatte, sprangen vor Freude und waren am tüchtigsten beim Abbrechen und Schwingen der Palmzweige.

Witwen und Waisen priesen den Namen Jesu für Seine Gnadentaten an ihnen.

Die leidbeladenen Leprakranken, welche durch Sein Wort gereinigt worden waren, breiteten ihre Kleider auf dem Weg aus.

Auch jene waren dabei, die durch die lebensspendende Stimme des Heilandes vom Tode auferweckt worden waren.

Lazarus, dessen Körper schon begonnen hatte, im Grab zu zerfallen, und der nun wieder voller Kraft und herrlichem Leben steckte, war ebenso in der fröhlichen Gruppe, die den Heiland nach Jerusalem begleitete.

Als neue Menschen sich dem Zug anschlossen, wurden sie vom Frohsinn angesteckt und stimmten in die Rufe mit ein, die von den Hügeln zurückhallten und von Tal zu Tal hörbar waren.

»»Gelobt sei Gott für den Sohn Davids! Gepriesen sei, der im Namen des Herrn kommt! Lobt Gott im höchsten Himmel!««
Matthäus 21,9.

Viele Pharisäer erlebten diese Szene und ärgerten sich. Sie hatten den Eindruck, die Kontrolle über die Menschen zu verlieren.

Mit aller Macht versuchten sie, die Menschen zum Schweigen zu bringen; aber ihre Drohungen und Bitten steigerten die Begeisterung der Menschen nur noch.

Als sie merkten, dass sie die Menschen nicht zügeln konnten, schoben sie sich durch die Menge zu Jesus und sagten Ihm: »›Meister, rufe Deine Jünger zur Vernunft!‹ Doch Er entgegnete ihnen: ›Würden sie schweigen, dann würden die Steine schreien!‹« Lukas 19,39f.

Diese Siegesszene war Gottes eigener Plan; sie war durch die Propheten vorhergesagt worden, und keine Kraft der Welt konnte sie aufhalten. Gottes Werk wird immer vorangehen, trotz all der Menschen, die es aufhalten oder zunichte machen wollen.

Als der Festzug zu dem Hügel kam, der einen Ausblick auf Jerusalem gab, konnte man die Stadt in all ihrer Schönheit bestaunen.

Die Jubelrufe verstummten bei diesem plötzlichen Anblick von Schönheit. Alle Augen wendeten sich zum Heiland und erwarteten, in Seinem Gesicht die gleiche Bewunderung zu sehen, die sie verspürten.

Jesus hielt an. Er sah bedrückt und tief traurig aus. Die Menge war erstaunt, als sie sah, wie Er in Tränen ausbrach.

Die Menschen um den Heiland, konnten Seine Trauer nicht verstehen; aber Er weinte um die Stadt, die bald zerstört werden sollte.

Er hatte sich immer liebevoll um sie gekümmert, als wäre sie Sein Kind. Nun war Sein Herz voll von Schmerz, denn Er wusste, dass sie verwüstet würde.

Hätten die Menschen in der Stadt auf die Lehren Christi gehört und Ihn als den Heiland angenommen, wäre Jerusalem für immer stehengeblieben.

Sie wäre die Königin aller Königreiche geworden. Gottes Kraft hätte sie stark und frei gemacht.

Es wären dann niemals bewaffnete Soldaten an ihren Toren gewesen, keine römischen Fahnen hätten von ihren Mauern geweht. Von Jerusalem wäre die Friedenstaube zu allen Nationen geflogen. Sie wäre die herrliche Krone dieser Welt gewesen.

Aber die Juden hatten ihren Heiland abgelehnt und waren kurz davor, ihren König zu kreuzigen. Als die Sonne an jenem Abend unterging, wurde die Vernichtung Jerusalems für immer entschieden. (Das geschah ca. 40 Jahre nach Jesu Tod. Damals wurde Jerusalem grausam zerstört und durch die römische Armee niedergebrannt.)

Berichte waren zu den Obersten vorgedrungen, dass Jesus sich der Stadt mit einer großen Menge von Nachfolgern näherte. Sie gingen hinaus, um Ihn zu treffen, und hofften darauf, die Masse zu zerstreuen. Sie spielten sich als große Herren auf und fragten: »›Wer ist das?‹« Matthäus 21,10.

Erfüllt von Gottes Geist, antworteten die Jünger: »Adam wird euch sagen: ›Er ist der Same der Frau, welcher den Kopf der Schlange zertreten wird.‹

Fragt Abraham, er wird euch berichten: ›Er ist Melchisedek, König von Salem, König des Friedens.‹ Jesaja wird euch antworten: ›Immanuel, Wundervoll, Ratgeber, der mächtige Gott, der immerwährende Vater, der Prinz des Friedens.‹

Jeremia wird euch sagen: ›Der Zweig Davids; der Herr, unsere Gerechtigkeit.‹

Daniel wird euch erklären: ›Er ist der Messias.‹

Hosea wird euch erzählen: ›Er ist der Herr, der Gott der Heerscharen, das Denkmal Gottes.‹

Johannes der Täufer wird euch antworten: ›Er ist das Lamm Gottes, das die Sünden der Welt wegnimmt.‹

Der große Jehova[14] hat von Seinem Thron verkündet: ›Dies ist mein geliebter Sohn.‹

Wir, Seine Jünger, bezeugen: ›Dies ist Jesus, der Messias, der Prinz des Lebens, der Erlöser.‹

Und sogar der Fürst der dunklen Mächte erkennt Ihn als Herrn an, wenn er sagt: ›Ich weiß, wer Du bist, Du bist der Heilige Gottes!‹«

---

14 Jehova ist ein Name für Gott.

»›Schafft das alles fort!‹«

Am nächsten Tag betrat Christus den Tempel. Dreieinhalb Jahre zuvor hatte Er schon einmal die ganzen lautstarken Viehhändler und Geldwechsler aus dem Tempel fortgetrieben.

Als Er nun wieder zum Tempel kam, fand Er dasselbe Treiben vor. Der Vorhof war voll von Rindern, Schafen und Vögeln. Sie wurden denen zum Verkauf angeboten, die für ihre Sünden opfern wollten.

Erpressung und Wucherei fanden bei denen statt, die in die Geschäfte verwickelt waren. Der Lärm im Vorhof war so groß, dass er die im Inneren der Tempelanlage ernsthaft störte.

Christus stand auf den Stufen des Tempels, und wieder ging Sein durchdringender Blick über den Platz. Alle Augen wende-

ten sich Ihm zu. Die Stimmen der Menschen und der Lärm der Tiere verstummten. Alle schauten mit Erstaunen und Ehrfurcht auf den Sohn Gottes.

Das Göttliche leuchtete durch das Menschliche hindurch und gab Jesus eine Würde und Herrlichkeit, die Er nie zuvor gezeigt hatte. Die Stille wurde fast unerträglich.

Schließlich sagte Er mit klarer Stimme und einer Vollmacht, welche die Menschen wie ein gewaltiger Sturm erzittern ließ: »›In der Schrift steht: ‚Mein Haus soll ein Ort des Gebets sein', aber ihr habt eine Räuberhöhle daraus gemacht.‹« Lukas 19,46.

Mit noch größerer Autorität, als Er sie drei Jahre zuvor bewiesen hatte, befahl Er: »›Schafft das alles fort!‹« Johannes 2,16.

Schon einmal waren die Priester und Obersten des Tempels beim Klang Seiner Stimme aus dem Tempel geflohen. Im Nachhinein hatten sie sich für ihre Angst geschämt. Sie dachten, so etwas würde ihnen bestimmt nicht noch einmal passieren.

Tatsächlich aber waren sie jetzt noch erschrockener und in größerer Eile, Seinem Befehl zu gehorchen, als beim letzten Mal. Überstürzt liefen sie vom Tempel weg und trieben ihr Vieh vor sich her.

Nun füllte sich der Ort mit Leuten, die ihre Kranken brachten, damit Jesus sie heilte. Manche lagen schon im Sterben. Diese geplagten Seelen waren in höchster Not.

Sie richteten ihre Augen flehend auf das Gesicht Christi und erwarteten, dort die Strenge zu sehen, welche die Händler weggescheucht hatte. Doch sie sahen in Seinem Gesicht nur Liebe und zärtliches Erbarmen.

Jesus empfing die Kranken freundlich, und Krankheit und Leid flohen bei der Berührung Seiner Hand. Er nahm die Kinder behutsam in Seine Arme, besänftigte ihr besorgtes Weinen, verbannte Krankheit und Schmerz von den kleinen Geschöpfen und übergab sie lächelnd und gesund ihren Müttern.

Was für eine Szene für die Hohepriester und Obersten, die sich neugierig den Weg zurück zum Tempel gebahnt hatten! Sie hörten Stimmen von Männern, Frauen und Kindern, welche Gott lobten.

Sie sahen, dass Kranke geheilt wurden, Blinde sehend wurden, Taube ihr Gehör zurückbekamen und Lahme vor Freude hüpften.

Die Kinder führten diesen Lobpreis an. Sie wiederholten die Hosiannarufe vom Vortag und schwangen Palmzweige vor dem Heiland. Von den Tempelmauern hallten ihre Rufe wieder und wieder zurück: »›Gelobt sei Gott für den Sohn Davids! Gepriesen sei, der im Namen des Herrn kommt!‹« Matthäus 21,9.

»›Seht, euer König kommt zu euch. Er ist gerecht und siegreich.‹« Sacharja 9,9.

Die Obersten versuchten, die Rufe der glücklichen Kinder zum Verstummen zu bringen. Aber alle waren durch die wundervollen Taten Jesu so die Freude und Lob erfüllt, dass sie nicht schweigen konnten.

Die Obersten wandten sich nun an Jesus und hofften, dass Er ihnen befehlen würde, still zu sein. Sie sagten zu Ihm: »›Hörst Du, was die Kinder da rufen?‹ Jesus erwiderte: ›Ja. Habt ihr noch nie in der Schrift gelesen? Dort steht geschrieben: Kinder und Säuglinge hast Du gelehrt, Dich zu loben.‹« Matthäus 21,16.

Die hochmütigen Führer des Volkes hatten sich geweigert, die segensreiche Aufgabe auszuführen, die Botschaft der Geburt Christi zu verbreiten und Sein Werk auf der Erde zu verkünden. Zu Seiner Ehre musste Lob erschallen, und Gott suchte sich Kinder für diese Aufgabe aus. Wären die Kinder zum Schweigen gebracht worden, dann hätten die Säulen des Tempels den Heiland laut gepriesen.

Beim Abendmahl am Passahfest

Das Volk Israel aß das erste Passah-Abendmahl, als es aus der Sklaverei Ägyptens befreit wurde.

Gott hatte versprochen, Sein Volk zu befreien. Er hatte den Israeliten gesagt, dass der erstgeborene Sohn jeder ägyptischen Familie sterben würde. Er hatte angeordnet, dass sie ihre Türpfosten mit dem Blut des geschlachteten Passahlammes bestreichen sollten, damit der Todesengel an ihnen vorbeiging.

Das Lamm sollten sie rösten und in der Nacht essen, zusammen mit ungesäuertem Brot und mit bitteren Kräutern, welche die Bitterkeit ihrer Sklaverei zum Ausdruck brachten.

Als sie das Lamm aßen, mussten sie für eine Reise bereit sein. Sie mussten ihre Schuhe an den Füßen tragen und ihre Wanderstöcke in den Händen.

Sie taten, wie der Herr es gesagt hatte, und in genau jener Nacht sandte der König von Ägypten ihnen die Nachricht, dass sie frei sein sollten. Noch vor Morgengrauen begannen sie ihre Reise zum versprochenen Land.

Jedes Jahr hielten nun die Israeliten in derselben Nacht wie jener, als sie Ägypten verlassen hatten, das Passahfest in Jerusalem. An diesem Fest musste jede Familie ein Lamm rösten und mit Brot und bitteren Kräutern essen, so wie es ihre Vorfahren in Ägypten getan hatten. Und sie erzählten ihren Kindern die Geschichte von Gottes Güte, dass Er Sein Volk aus der Sklaverei befreit hatte.

Jetzt war die Zeit für Jesus gekommen, das Fest mit Seinen Jüngern zu feiern, und Er sagte Petrus und Johannes, sie sollten einen Raum finden und das Passahmahl vorbereiten.

Eine große Menge von Leuten kam nach Jerusalem zu jener Zeit, und diejenigen, welche in der Stadt lebten, waren immer bereit, einen Platz in ihren Häusern an Besucher weiterzugeben, damit diese das Fest feiern konnten.

Der Heiland bereitete Petrus und Johannes darauf vor, dass sie auf der Straße einen Mann treffen würden, der einen Wasserkrug trug. Sie sollten ihm folgen, in dasselbe Haus gehen wie er und dem Besitzer jenes Hauses sagen: »›Der Meister fragt dich: Wo ist der Raum für Gäste, in dem ich mit meinen Jüngern das Passahmahl feiern kann?‹«

Daraufhin würde der Mann ihnen einen großen Raum zeigen, der mit allem ausgestattet war, was sie brauchten. Dort sollten sie das Passahmahl vorbereiten. Und alles geschah genau so, wie der Heiland es ihnen vorausgesagt hatte.

Beim Passahmahl waren die Jünger alleine mit Jesus. Das gemeinsame Passahfest immer eine Zeit der Freude gewesen. Aber nun war Jesus sehr aufgewühlt.

Schließlich sagte Er zu ihnen mit einer sehr berührenden Traurigkeit in der Stimme: »›Ich habe mich sehr danach gesehnt, dieses Passahmahl mit euch zu feiern, bevor mein Leiden beginnt.‹« Auf dem Tisch stand Traubensaft, und Er nahm einen Becher voll davon, »und nachdem Er Gott dafür gedankt hatte, sagte Er: ›Nehmt ihn und teilt ihn unter euch. Denn ich werde keinen Wein mehr trinken, bis das Reich Gottes gekommen ist.‹« Lukas 22,11.15.17f.

Dies war das letzte Mal, dass Jesus das Fest mit Seinen Jüngern feierte. Es war überhaupt das letzte Passah, das jemals gehalten wurde. Denn das Lamm wurde geschlachtet, um die Menschen auf den Tod Christi vorzubereiten. Da nun Christus, der das Lamm Gottes war, für die Sünden der Welt geopfert werden sollte, brauchte es danach kein Lamm mehr, das auf Seinen Tod hinwies.

Als die Juden Ihn töteten, war dies der endgültige Beweis, dass sie Christus als ihren Erlöser ablehnten. Dadurch lehnten sie auch alles ab, was diesem Fest Bedeutung und Wert gegeben hatte. Von nun an war die Feier dieses Festes eine wertlose Formsache.

Als Jesus am Passahgottesdienst teilnahm, sah Er in Gedanken die Szene Seines letzten großen Opfers vor sich. Er stand nun im Schatten des Kreuzes, und tiefer Kummer quälte Sein Herz. Er kannte all die Qualen, die Ihn erwarteten..

Er kannte die Undankbarkeit und Grausamkeit, welche die Menschen Ihm antun würden, die Er erlösen wollte. Aber Er dachte in diesem Moment nicht an Sein eigenes Leid. Er bemitleidete die, welche ihren Erlöser ablehnten und so das ewige Leben verloren.

Und vor allem dachte Er an Seine Jünger. Er wusste, dass Er sie, nachdem Sein eigenes Leiden am Kreuz vorbei war, auf dieser Welt mit ihren Herausforderungen zurücklassen würde.

Er hätte ihnen gerne noch vieles gesagt, an das sie sich erinnern könnten, wenn Er nicht mehr persönlich bei ihnen war. Jesus hatte gehofft, bei diesem letzten Treffen vor Seinem Tod mit ihnen darüber zu reden.

Aber Er konnte ihnen jetzt nichts sagen. Er sah, dass sie nicht bereit waren zuzuhören.

Ein Streit war unter ihnen ausgebrochen. Sie dachten immer noch, Christus würde bald zum König gemacht werden, und jeder von ihnen wollte den höchsten Platz in Seinem Königreich einnehmen. Deshalb waren sie eifersüchtig und wütend aufeinander.

Es gab noch einen anderen Grund für ihre Unzufriedenheit. Bei einem Fest war es üblich, dass ein Diener die Füße der Gäste wusch. Auch bei diesem Fest waren dafür Vorbereitungen getroffen worden. Wasserkrug, Schüssel und Handtuch waren griffbereit für die Fußwaschung. Aber es war kein Diener anwesend. Eigentlich hätte nun einer der Jünger diesen Dienst übernehmen sollen.

Aber jeder von ihnen wehrte sich innerlich dagegen, der Diener seiner Brüder zu sein. Keiner war willig, die Füße der anderen zu waschen. Deshalb hatten sie sich alle still an ihren Platz am Tisch gesetzt. Jesus wartete eine Weile, um zu sehen, was sie tun würden. Dann stand Er selbst vom Tisch auf. Er hängte sich das Handtuch um, goss Wasser in die Schüssel und begann, den Jüngern die Füße zu waschen. Er war sehr traurig wegen ihrer Einstellung, aber Er wies sie nicht mit scharfen Worten zurecht. Jesus zeigte Seine Liebe, indem Er sich wie ein Diener um Seine eigenen Jünger kümmerte. Als Er damit fertig war, sagte der Heiland zu ihnen: »›Und weil ich, der Herr und Meister, euch die Füße gewaschen habe, sollt auch ihr einander die Füße waschen. Ich habe euch ein Beispiel gegeben, dem ihr folgen sollt. Tut, was ich für euch getan habe.‹« Johannes 13,14.15.

Auf diese Weise brachte Christus ihnen bei, dass sie einander helfen sollten. Statt den höchsten Platz für sich selbst zu wollen, sollte jeder bereit sein, seinen Brüdern zu dienen.

Der Heiland kam in diese Welt, um für andere da zu sein. Er lebte, um den Armen und Sündigen zu helfen und sie zu retten, welche arm und sündig sind. Er möchte, dass wir genauso leben.

Die Jünger schämten sich jetzt für ihren Ehrgeiz und ihre Selbstsucht. Ihre Herzen waren erfüllt von Liebe für ihren Herrn und füreinander. Nun waren sie offen für das, was Christus ihnen weitergeben wollte.

Als sie immer noch am Tisch saßen, nahm Jesus das Brot, dankte Gott dafür, brach es in Stücke und gab ihnen davon. Dazu sagte Er: »›Dies ist mein Leib, der für euch gegeben wird. Tut das zur Erinnerung an mich.‹ Nach dem Essen nahm Er einen

weiteren Becher mit Wein und sagte: ›Dieser Wein ist das Zeichen des neuen Bundes – ein Bund, der mit dem Blut besiegelt wird, das ich für euch vergießen werde.‹« Lukas 22,19f.

Die Bibel sagt: »Denn jedes Mal, wenn ihr dieses Brot esst und aus diesem Kelch trinkt, verkündet ihr den Tod des Herrn, bis Er wiederkommt.« 1. Korinther 11,26.

Das Brot und der Traubensaft stehen für den Körper und das Blut von Christus. So, wie das Brot gebrochen und der Traubensaft in den Kelch gegossen wurde, wurde am Kreuz der Körper Christi gebrochen und Sein Blut für uns vergossen.

Wenn wir das Brot essen und den Wein trinken, zeigen wir, dass wir das glauben. Wir zeigen, dass unsere Sünden uns leidtun und dass wir Christus als unseren Erlöser annehmen.

Als die Jünger mit Jesus am Tisch saßen, sahen sie, dass Er immer noch sehr betrübt wirkte. Eine bedrückte Stimmung herrschte, und alle aßen in Stille.

Schließlich sagte Jesus: »›Ich sage euch: Einer von euch wird mich verraten.‹« Die Jünger waren bestürzt über Seine Worte. Jeder begann, sich innerlich zu prüfen: War da in irgendeiner Ecke des Herzens vielleicht ein böser Gedanken gegen den Meister? Einer nach dem anderen fragte: »›Doch nicht ich, Herr, oder?‹«. Nur Judas blieb still. Deshalb schauten alle auf ihn. Als er sah, dass er beobachtet wurde, fragte er ebenfalls: »›Rabbi, ich bin es doch nicht etwa, oder?‹ Und Jesus entgegnete ihm: ›Du hast es selbst gesagt.‹« Matthäus 26,21f.25.

Jesus hatte die Füße von Judas gewaschen, aber das hatte nicht dazu geführt, dass er den Erlöser mehr liebte. Er war sogar empört, dass Christus die Arbeit eines Dieners tat. Nun wusste er, dass Christus niemals die Königswürde beanspruchen würde, und war noch entschiedener, Ihn zu verraten.

Nicht einmal, als alle von seiner Absicht wussten, schreckte er von seinem Plan zurück. Ärgerlich verließ er schnell den Raum und machte sich daran, seinen bösen Plan auszuführen. Als Judas wegging, war das für alle Anwesenden eine Erleichterung. Das Gesicht des Heilandes hellte sich auf, und die ungute Atmosphäre im Raum war verschwunden.

Christus besprach nun noch einiges mit Seinen Jüngern. Er würde in das Haus Seines Vaters gehen, sagte Er. Dort würde Er Wohnungen für sie vorbereiten und eines Tages zurückkommen, um sie zu sich zu nehmen.

Er versprach, den Heiligen Geist zu schicken, der sie in Seiner Abwesenheit lehren und trösten sollte. Er sagte ihnen, ihre Gebete würden ganz sicher erhört, wenn sie in Seinem Namen beteten. Dann betete Er für sie und bat darum, dass sie vor Bösem bewahrt würden und einander so liebten, wie Er sie geliebt hatte.

Jesu Gebet für Seine Jünger schließt auch uns ein. Er sagte: »›Ich bete nicht nur für diese Jünger, sondern auch für alle, die durch ihr Wort an mich glauben werden. Ich bete für sie alle, dass sie eins sind, so wie Du und ich eins sind, Vater – damit sie in uns eins sind, so wie Du in mir bist und ich in Dir bin, und die Welt glaubt, dass Du mich gesandt hast ... Dass Du sie liebst, wie Du mich liebst.‹« Johannes 17,20-23.

In Gethsemane

Das Leben des Heilandes auf der Erde war ein Leben des Gebets. Viele Stunden verbrachte Er alleine mit Gott. Oft sandte Er ernste Bitten zu Seinem himmlischen Vater empor. Dadurch erhielt Er Stärke und Weisheit, um Seine Arbeit zu tun und Satans Versuchungen nicht nachzugeben.

Nachdem Er das Passahmahl mit Seinen Jüngern gegessen hatte, ging Jesus mit ihnen in den Garten Gethsemane, wo Er oft gebetet hatte. Auf dem Weg, redete Er mit ihnen und lehrte sie; aber als sie sich dem Garten näherten, wurde Er ungewöhnlich still.

Sein Leben lang hatte Jesus in der Gegenwart Seines Vaters gelebt. Der Geist Gottes war Sein beständiger Führer und Unterstützer gewesen. Stets gab Er Gott die Ehre für das, was Er auf der Erde tat. Er bekannte: »›Ich kann nichts von mir selbst tun.‹« Johannes 5,30 (Elb).

Wir können auch nichts aus uns selbst heraus tun. Nur wenn wir uns in allem auf Christus verlassen, erhalten wir die nötige Kraft, das Böse zu überwinden und stattdessen Gottes Willen zu tun. Wir brauchen dasselbe kindliche Vertrauen, das Christus gegenüber Seinem Vater hatte. Christus sagte: »›Getrennt von mir könnt ihr nichts tun.‹« Johannes 15,5.

Die schreckliche Nacht des Todeskampfes begann für den Heiland, als Er sich dem Garten näherte. Es schien, als ob die Gegenwart Gottes, welche Seine Unterstützung gewesen war, nicht länger mit Ihm war. Er begann sich so zu fühlen, als ob Er von Seinem Vater verlassen worden wäre.

Christus musste die Sünden der ganzen Welt tragen. Als diese nun auf Ihn gelegt wurden, schien ihre Last mehr, als Er aushalten konnte. Die Schuld der Sünde war so grauenhaft, dass Er versucht war zu glauben, Gott könne Ihn nicht mehr lieben.

Als Er das schreckliche Missfallen des Vaters gegen das Böse spürte, rief Er aus: »›Meine Seele ist zu Tode betrübt.‹« Matthäus 26,38.

Nahe am Tor des Gartens ließ Jesus die meisten Jünger zurück und nahm nur Petrus, Jakobus und Johannes mit in den Garten. Sie waren Seine ernsthaftesten Nachfolger und Seine engsten Freunde. Doch selbst sie sollten nicht mitansehen, welches Leid Er durchmachen musste. Deshalb sagte Er ihnen: »›Bleibt hier und wacht mit mir.‹« Matthäus 26,38.

Er ging ein bisschen weiter weg von ihnen und fiel ausgestreckt auf den Boden. Er fühlte, dass Er durch die Sünde vom Vater getrennt wurde. Der Abgrund, der sich zwischen ihnen auftat, schien so weit, so schwarz und so tief, dass Ihm davor schauderte.

Christus litt nicht wegen eigener Sünden, denn Er hatte nie etwas Böses getan. Er litt wegen der Sünden der ganzen Welt, die Er freiwillig auf sich genommen hatte. Nun musste Ihn der Vater so behandeln, als hätte Jesus selbst all diese Sünden begangen. In Seiner Todesangst klammerte Christus sich am Boden fest. Von Seinen blassen Lippen kam der bittere Schrei: »›Mein Vater! Wenn es möglich ist, lass den Kelch des Leides an mir vorübergehen. Doch ich will Deinen Willen tun, nicht meinen.‹« Matthäus 26,39.

In dieser schrecklichen Stunde musste Christus das Leid alleine tragen. Als Er zu den drei Jüngern kam in der Hoffnung, vielleicht ein freundliches Wort von ihnen zu hören, musste Er feststellen, dass sie alle schliefen. Beim Klang Seiner Stimme wachten sie auf, aber sie erkannten Ihn fast nicht wieder, so stark hatte sich Sein Gesicht durch den Todeskampf verändert. Er wandte sich an Petrus und sagte: »›Schläfst du etwa? Konntest du nicht eine einzige Stunde mit mir wachen?‹« Markus 14,37.

Kurz bevor sie in den Garten gegangen waren, hatte Christus Seinen Jüngern gesagt: »›Ihr werdet mich alle verlassen.‹« Sie hatten Ihm ernsthaft versichert, dass sie mit Ihm ins Gefängnis und sogar in den Tod gehen würden. Und der arme, selbstzufriedene Petrus hatte hinzugefügt: »›Auch wenn alle anderen sich von dir abwenden, ich werde es nicht tun.‹« Markus 14,27.29.

Aber die Jünger vertrauten sich selbst. Sie schauten nicht auf den mächtigen Helfer, wie Christus ihnen geraten hatte. Darum schliefen sie auch, als der Heiland ihr Mitgefühl am dringendsten gebraucht hätte. Sogar Petrus schlief.

Johannes, der liebende Jünger, der an Jesu Brust gelehnt hatte, schlief ebenso. Die Liebe zu seinem Herrn hätte ihn eigentlich wach halten müssen. Seine ernsten Gebete hätten sich mit denen seines geliebten Heilandes in der Zeit Seines großen Seelenringens vermischen sollen. Der Erlöser hatte ganze Nächte damit verbracht, für Seine Jünger zu beten, damit ihr Glaube in der

Stunde der Prüfung nicht versagte. Dennoch schafften sie es nicht, auch nur eine Stunde mit Ihm wach zu bleiben.

Wenn Christus Jakobus und Johannes nun gefragt hätte: »›Könnt ihr den bitteren Kelch des Leides trinken, den ich trinken werde? Könnt ihr mit der Taufe getauft werden, mit der ich getauft werden muss?‹«, dann hätten sie nicht mehr so schnell geantwortet: »›Ja, das können wir!‹« Markus 10,38f.

Das Herz des Heilandes war von Mitleid und Erbarmen für die Schwachheit Seiner Jünger erfüllt. Er befürchtete, sie könnte die Prüfung nicht bestehen, die Sein Leiden und Sterben für sie bringen sollte.

Dennoch wies Er sie nicht streng für ihre Schwäche zurecht. Er dachte an die Kämpfe, die vor ihnen lagen, und sagte: »›Bleibt wach und betet. Sonst wird euch die Versuchung überwältigen.‹« Er fand sogar eine Entschuldigung für ihr Versagen, Ihm treu beizustehen: »›Denn der Geist ist zwar willig, aber der Körper ist schwach!‹« Matthäus 26,41. Welch ein Beispiel für das zarte und liebevolle Mitgefühl unseres Heilandes!

Noch einmal wurde der Sohn Gottes von übermenschlichen Qualen gepackt. Beinahe bewusstlos vor Erschöpfung stolperte Er zurück und betete, wie schon zuvor: »›Mein Vater! Wenn dieser Kelch nicht an mir vorübergehen kann, dann geschehe Dein Wille.‹« Matthäus 26,42.

Dieses Gebet kostete Ihn solche inneren Kämpfe, dass Er sogar Blut schwitzte. Noch einmal suchte Er die Jünger auf, um von ihnen etwas Zuspruch zu erhalten, aber wieder fand Er sie schlafend. Seine Gegenwart weckte sie auf. Erschrocken sahen sie die blutigen Spuren in Seinem Gesicht. Sie konnten sich Seine Seelenqualen nicht erklären.

Ein drittes Mal suchte Er den Ort des Gebetes auf. Eine schreckliche, tiefe Dunkelheit kam über Ihn. Er hatte die Gegenwart Seines Vaters verloren. Ohne sie hatte Er Angst, in Seiner menschlichen Natur die Prüfung nicht bestehen zu können.

Zum dritten Mal sprach Er nun dasselbe Gebet. Die Engel sehnten sich so sehr danach, Ihm Erleichterung zu verschaffen, aber

es wurde ihnen nicht erlaubt. Der Sohn Gottes musste diesen Becher trinken, sonst wäre die Welt für immer verloren.

Nun dachte Jesus an die Hilflosigkeit der Menschen. Er sah die Macht der Sünde. Er wusste, dass diese Welt dem Untergang geweiht war, und Er kannte all ihre Leiden. In diesem Moment traf Er eine endgültige Entscheidung: Er wollte die Menschheit retten, koste es, was es wolle. Er hatte die himmlischen Höfe verlassen, wo alles rein, glücklich und herrlich ist, um das eine verlorene Schaf zu retten – die eine Welt, die durch Ungehorsam gefallen war –, und dieses Ziel würde Er jetzt nicht aufgeben. Er war nun fest entschlossen, und Sein Gebet drückte nur noch völlige Ergebenheit aus: »›Mein Vater! Wenn dieser Kelch nicht an mir vorübergehen kann, dann geschehe Dein Wille.‹« Mit diesen Worten fiel der Heiland wie tot zu Boden. Kein Jünger war da, um seine Hand zärtlich unter den Kopf seines Meisters zu legen und Ihm die Stirn zu kühlen. Christus hatte in diesen Stunden mehr Leid durchgemacht als die gesamte Menschheit. Doch Er hatte diesen Kampf allein ausfechten müssen. Von all den unzähligen Menschen auf der Welt hatte Ihm keiner beigestanden.

Aber Gott litt mit Seinem Sohn. Engel schauten auf den Todeskampf des Heilandes. Es war Stille im Himmel. Keine Harfe erklang. Mit stummer Trauer und tiefem Erstaunen beobachteten die Engelsheere, wie der Vater die Strahlen Seines Lichtes, Seiner Liebe und Seiner Herrlichkeit von Seinem geliebten Sohn zurückzog. Hätte die Menschheit diese Szene beobachten können, würde sie besser verstehen, wie abstoßend die Sünde in Gottes Augen ist.

Nun kam ein mächtiger Engel zu Christus. Er legte den Kopf des himmlischen Leidenden auf seine Brust und zeigte zum Himmel. Er erzählte Ihm, dass Er gegen Satan gesiegt und deshalb eines Tages Millionen erlöster Menschen als Überwinder in Sein Reich der Herrlichkeit aufgenommen würden.

Himmlischer Friede ruhte auf dem blutverschmierten Gesicht des Heilandes. Er hatte ertragen, was kein menschliches Wesen jemals hätte ertragen können, denn Er hatte die Leiden des Todes für jeden Menschen durchlebt.

Wieder suchte Christus Seine Jünger auf, und wieder fand Er sie schlafend. Hätten sie mit ihrem Erlöser gewacht und gebetet, wären sie auf die bevorstehende Glaubensprüfung vorbereitet gewesen. Da sie die Gelegenheit jedoch verpasst hatten, fehlte ihnen die Kraft, als sie sie am meisten brauchten.

Besorgt sah Christus sie an und sagte: »»Schlaft weiter. Ruht euch aus. Nun ist es so weit. Der Menschensohn wird in die Hände der Verbrecher ausgeliefert.«« Gerade als Er diese Worte aussprach, hörte Er die Schritte der Männer, die Ihn suchten, und sagte: »»Kommt, lasst uns gehen. Seht, mein Verräter ist da.«« Matthäus 26,45f.

Verraten und verhaftet

Keine Spur Seines soeben überstandenen Leidens war mehr zu sehen, als der Heiland Seinem Verräter begegnete. Er stand vor Seinen Jüngern und fragte die Männer: »›Wen sucht ihr?‹ ›Jesus von Nazareth‹, erwiderten sie. ›Ich bin es‹, sagte Jesus.« Johannes 18,4f.

Als Jesus diese Worte sprach, stellte sich der Engel, der Ihm gerade noch gedient hatte, zwischen Ihn und die Männer. Ein himmlisches Licht erleuchtete das Gesicht des Erlösers, und eine taubenartige Gestalt war über Ihm zu sehen.

Diese himmlische Herrlichkeit war für die mörderische Bande unerträglich. Sie stolperten zurück. Priester, Älteste und Soldaten fielen wie tot Boden.

Der Engel zog sich zurück und das Licht erlosch. Jesus hätte fliehen können, aber Er blieb, ruhig und selbstbeherrscht. Seine Jünger waren zu erstaunt, um auch nur ein Wort zu sagen.

Die römischen Soldaten kamen als erste wieder auf die Beine. Mit den Priestern und Judas stellten sie sich um Christus. Sie schienen beschämt über ihre Schwachheit zu sein und ängstlich, dass Er entkommen könnte. Noch einmal fragte der Erlöser: »›Wen sucht ihr?‹ Und wieder antworteten sie: ›Jesus von Nazareth.‹ ›Ich habe euch doch gesagt, dass ich es bin‹, sagte Jesus. ›Und da ich derjenige bin, den ihr sucht, lasst die anderen gehen.‹« Johannes 18,7f. Dabei zeigte Er auf Seine Jünger.

Selbst in dieser Prüfungsstunde galt Christi erste Sorge Seinen geliebten Jüngern. Obwohl Ihm selbst Gefängnis und Tod bevorstanden, versuchte Er, sie vor Leid zu bewahren.

Judas, der Betrüger, vergaß seinen Teil der Abmachung nicht. Er ging auf Jesus zu und küsste Ihn. Darauf sagte Jesus: »›Mein Freund, tu, wozu du gekommen bist.‹« Matthäus 26,50. Seine Stimme zitterte, als Er hinzufügte: »›Judas, wie kannst du den Menschensohn mit einem Kuss verraten?‹« Lukas 22,48.

Diese sanften Worte hätten das Herz von Judas berühren sollen, aber alle Feinfühligkeit und Würde schienen ihn verlassen zu haben. Judas hatte sich der Herrschaft Satans unterworfen. Stolz stand er vor dem Heiland und schämte sich nicht, Ihn den grausamen Soldaten zu überliefern.

Christus wehrte den Kuss des Verräters nicht ab. Dadurch gab Er uns ein Beispiel an Nachsicht, Liebe und Mitgefühl. Wenn wir Seine Jünger sind, müssen wir unsere Feinde behandeln, wie Er Judas behandelte.

Die mordgierige Menge verlor ihre Scheu, als sie sah, dass Judas den berührte, der gerade noch vor ihren Augen verherrlicht worden war. Sie ergriffen den Heiland und fesselten die Hände, die immer nur Gutes getan hatten. Die Jünger hatten nicht damit gerechnet, dass Christus sich so etwas gefallen lassen würde. Sie wussten, dass die Macht, welche die mörderische Menge wie tot zu Boden stürzen ließ, sie auch lähmen konnte, bis Christus und Seine Jünger geflüchtet waren.

Enttäuscht und empört sahen sie, dass Stricke gebracht wurden, um die Hände desjenigen zu fesseln, den sie liebten. Petrus zog in seiner Wut rasch sein Schwert und versuchte, den Meister zu verteidigen. Aber er schnitt lediglich das Ohr des Dieners von einem Hohepriester ab.

Als Jesus sah, was passiert war, befreite Er seine Hände, obwohl sie von den römischen Soldaten festgehalten wurden, und sagte: »›Leistet keinen Widerstand mehr.‹« Lukas 22.51. Er nahm das verwundete Ohr und augenblicklich war der Mann geheilt.

»›Steck dein Schwert weg‹, befahl ihm Jesus. ›Wer das Schwert benutzt, wird durchs Schwert umkommen. Wisst ihr denn nicht, dass ich meinen Vater um tausende von Engeln bitten könnte, um uns zu beschützen, und Er würde sie sofort schicken? Doch wenn ich das täte, wie sollte sich dann erfüllen, was in der Schrift vorausgesagt wird und nun eintreten muss?‹« Matthäus 26,52-54. »›Soll ich etwa nicht aus dem Kelch trinken, den mir der Vater gegeben hat?‹« Johannes 18,11.

Dann wandte Christus sich an die Hohepriester und die Synagogenvorsteher, die mit der Menschenmenge gekommen waren und sagte: »›Bin ich ein Schwerverbrecher, dass ihr mit Schwertern und Knüppeln bewaffnet kommt, um mich zu verhaften? Warum habt ihr mich nicht im Tempel festgenommen? Ich war doch jeden Tag dort und habe gelehrt. Aber dies alles geschieht, damit erfüllt wird, was die Schrift über mich sagt.‹« Markus 14,48f.

Es befremdete die Jünger, dass der Heiland nichts unternahm, um sich aus der Hand Seiner Feinde zu befreien. Dafür hatten sie kein Verständnis. Sie konnten Seine Unterwürfigkeit dem wütenden Mob gegenüber nicht verstehen. Von Angst gepackt, ließen sie Ihn allein und flohen. Christus hatte das vorhergesehen, als Er sagte: »›Doch es kommt die Zeit – ja sie ist schon angebrochen – da werdet ihr zerstreut werden, und jeder wird seine eigenen Wege gehen und mich verlassen. Doch ich bin nicht allein, denn der Vater ist bei mir.‹« Johannes 16,32.

Vor Hannas, Kaiphas und dem Hohen Rat[15]

Jesus wurde vom Garten Gethsemane aus von der johlenden Menschenmenge begleitet. Er konnte sich nur unter Schmerzen bewegen, denn Seine Hände waren fest zusammengebunden, und Er wurde streng bewacht. Zuerst wurde Er zum Haus von Hannas gebracht. Er war Hohepriester gewesen, bevor sein Schwiegersohn Kaiphas das Amt übernommen hatte. Der boshafte Hannas hatte verlangt, Jesus von Nazareth nach Seiner Verhaftung als Erster verhören zu können. Er hoffte, etwas aus Ihm herauspressen zu können, mit dem sich eine Verurteilung begründen ließe.

Mit diesem Hintergedanken im Kopf befragte Er den Heiland zu Seinen Jüngern und Lehren. Christus antwortete: »»Was ich lehre, ist überall bekannt, denn ich habe regelmäßig in den Synagogen und im Tempel gesprochen. Überall haben die Menschen mich gehört und ich lehre nichts hinter verschlossenen Türen, was ich nicht in der Öffentlichkeit gesagt habe.«« Johannes 18,20f.

Die Priester hatten Spione gesandt, um Christus zu beobachten und jedes einzelne Wort zu berichten. Durch diese Spione wussten sie über alles, was Er je gesagt oder getan hatte, genau Bescheid. Die Spione hatten versucht, Ihn in Seinen Worten zu fangen, und auf diese Weise Seine Verurteilung zu erreichen. Darauf spielte der Heiland an, als Er Hannas sagte: »»Frag doch die, die mich gehört haben.«« Hannas sollte zu seinen Spionen

15 Der Hohe Rat wurde auch Sanhedrin genannt. Er bestand aus den religiösen und politischen Führern des jüdischen Volkes und entschied über Fragen des Glaubens, der Politik und des Rechts.

gehen, die alles gehört hatten, was Jesus gesagt hatte. Sie kannten Seine Lehren sehr gut.

Die Worte Christi waren Christi Worte waren deutlich und trafen genau den Punkt. Hannas war sprachlos. Er spürte, dass Jesus sein Innerstes las.

Aber ein Diener von des Hannas meinte, sein Herr sei respektlos behandelt worden. Er schlug Jesus ins Gesicht und sagte: »›Ist das eine Art und Weise, dem Hohepriester zu antworten?‹ Jesus erwiderte: ›Wenn ich etwas Falsches gesagt habe, dann beweise es. Darfst du einen Menschen schlagen, weil er die Wahrheit sagt?‹« Johannes 18,22f.

Christus hätte Legionen von himmlischen Engeln zu Hilfe rufen können. Aber es war Teil Seiner Mission, allen Spott und jede Schmähung als Mensch zu ertragen.

Von Hannas' Haus wurde der Heiland zum Palast von Kaiphas gebracht. Er sollte vor dem Hohen Rat verhört werden. Während

dessen Mitglieder zusammengerufen wurden, befragten Hannas und Kaiphas Ihn nochmals , doch ohne Erfolg.

Als die Mitglieder des Hohen Rates sich versammelt hatten, setzte Kaiphas sich als Vorsitzender auf seinen Thron. Links und rechts von ihm saßen Richter, von ihm saßen die Richter, vor ihm stand der römische Soldat, der Jesus bewachte, und dahinter befand sich die tobende Menschenmenge.

Kaiphas bat nun Jesus, eines Seiner mächtigen Wunder vor ihm zu vollbringen. Aber der Heiland zeigte keine Reaktion auf diese Worte. Hätte Er auch nur mit einem einzigen durchdringenden Blick geantwortet, wie Er dies bei den Händlern im Tempelhof getan hatte, wäre die ganze mörderische Bande gezwungen gewesen, vor Ihm zu fliehen.

Die Juden wurden damals von den Römern beherrscht, und es war ihnen nicht erlaubt, jemanden mit dem Tod zu bestrafen. Der Hohe Rat konnte den Gefangenen nur befragen und musste die Verurteilung den römischen Führern überlassen.

Um ihr böses Ziel zu erreichen, mussten sie daher etwas an Jesus finden, das von den Römern als kriminell betrachtet wurde. Sie konnten reichlich Beweise dafür vorlegen, dass Jesus gegen die jüdischen Traditionen und viele ihrer Gebote verstoßen hatte. Es war einfach zu beweisen, dass Er die Priester und Schriftgelehrten beschuldigt und sie Heuchler und Mörder genannt hatte. Aber diese Dinge würden die Römer nicht beeindrucken, denn sie verachteten selbst die Scheinheiligkeit der Pharisäer.

Viele Anschuldigungen wurden gegen Christus erhoben. Aber entweder widersprachen sich die Zeugen, oder die Beweise zeigten das Gegenteil auf. Damit würden sie bei den Römern nichts erreichen. Sie versuchten, Jesus zum Sprechen zu bringen und Ihm eine Reaktion auf ihre Anklagen zu entlocken. Aber Er wirkte, als ob Er sie nicht gehört hätte. Das Schweigen Christi in dieser Situation war vom Propheten Jesaja lange zu-

vor beschrieben worden: »Er wurde misshandelt und niedergedrückt und gab keinen Laut von sich. Wie ein Lamm, das zum Schlachten geführt wird, und wie ein Schaf vor seinem Scherer verstummte, so machte auch Er den Mund nicht auf.« Jesaja 53,7.

Die Priester bekamen langsam Angst, dass es ihnen nicht gelingen würde, eine Anklage zu finden, die sie gegen ihren Gefangenen vor Pilatus geltend machen konnten. In einem letzten, verzweifelten Versuch erhob der Hohepriester seine rechte Hand gegen den Himmel und wandte sich mit dem feierlichen Eid an Jesus: »›Im Namen des lebendigen Gottes, sage uns, ob du der Christus bist, der Sohn Gottes.‹« Matthäus 26,63.

Der Erlöser hatte Seinen Auftrag oder Seine Beziehung zum Vater nie verleugnet. Bei persönlichen Vorwürfen konnte Er schweigen, aber immer, wenn es um Sein Werk ging oder darum, dass Er Gottes Sohn war, sprach Er offen und entschieden.

Jedes Ohr stand weit offen, jedes Auge war auf Ihn gerichtet, als Er antwortete: »›Es ist, wie du sagst.‹« Klarer hätte Jesus die Antwort nicht formulieren können. Ein himmlisches Licht schien das blasse Angesicht des Erlösers zu erhellen, als Er fortfuhr: »›Von nun an werdet ihr den Menschensohn zur Rechten Gottes sehen, auf dem Platz der Macht, und ihr werdet sehen, wie Er auf den Wolken des Himmels wiederkommen wird.‹« Matthäus 26,64.

Mit dieser Aussage präsentierte der Heiland das Gegenteil von der Szene, die gerade stattfand. Die Zeit wird kommen, wo Er die Position des himmlischen Richters einnehmen und Himmel und Erde richten wird. Dann wird Er auf dem Thron des Vaters sitzen, und gegen Seine Entscheidungen wird niemand Einspruch erheben können.

Er zeigte Seinen Zuhörern die Szene jenes Tages, wenn Er – statt von einem aufgebrachten, gewaltbereiten Mob umgeben zu sein und misshandelt zu werden – mit Macht und großer Herrlichkeit in den Wolken des Himmels wiederkommen wird. Dann werden Tausende von Engeln Ihn begleiten. Er wird das Urteil über Seine Feinde sprechen. Auch die wütende, kreischende Menge von damals wird dabei sein.

Als Jesus mit diesen Worten deutlich machte, dass Er der Sohn Gottes und der Richter der Welt war, riss der Hohepriester sein Gewand entzwei, um sein Entsetzen zu zeigen. Er streckte seine Hände zum Himmel und rief: »›Gotteslästerung! Wozu brauchen wir noch weitere Zeugen? Ihr alle habt Seine Gotteslästerung gehört! Was ist euer Urteil?‹ Sie riefen: ›Schuldig! Er muss sterben!‹« Matthäus 26,65f.

Es war gegen das jüdische Gesetz, einen Gefangenen nachts zu befragen. Obwohl das Urteil über Christus bereits festgelegt war, musste es noch eine reguläre Verhandlung am Tag geben.

Jesus wurde zum Zimmer der Wachen geführt und dort von den Soldaten und der Menschenmenge verspottet und misshandelt.

Als der Tag begann, wurde Er noch einmal vor die Richter gebracht und erneut die Todesstrafe verhängt.

Eine satanische Wut nahm die Obersten und die Volksmenge in Besitz. Das Brüllen der Stimmen klang wie das von wilden Tieren. Sie stürmten auf Jesus zu und schrien, »Er ist schuldig, tötet Ihn!« Wären nicht die Soldaten gewesen, hätten sie Ihn in Stücke gerissen. Aber die Römer griffen ein und hielten die rasende Menge mit Waffengewalt zurück.

Priester, Oberste und der wütende Mob taten sich zusammen, um den Heiland zu misshandeln. Ein altes Tuch wurde über Seinen Kopf geworfen. Dann schlugen Seine Ankläger Ihm ins Gesicht und riefen: »›Prophezeie uns, Du Christus! Wer hat Dich gerade geschlagen?‹«. Matthäus 26,68.

Als das Tuch weggenommen wurde, spuckte jemand dem Heiland ins Gesicht. Doch Engel Gottes schrieben treu jeden bösen Blick, jedes Wort und jede Handlung gegen ihren geliebten Fürsten nieder. Eines Tages werden jene Männer das blasse, stille Angesicht Christi, das sie damals verhöhnten und bespuckten, in einer Herrlichkeit sehen, die heller strahlt als die Sonne.

JUDAS

Die jüdischen Führer hatten lange nach einer Gelegenheit gesucht, Jesus in die Hände zu bekommen. Aber aus Angst davor, einen Aufruhr unter den Menschen zu erregen, hatten sie sich nicht getraut, Ihn öffentlich gefangen zu nehmen. So hatten sie jemanden gesucht, der Ihn heimlich verraten würde. Mit Judas, einem der zwölf Jünger, hatten sie diesen Verräter gefunden.

Judas hatte von Natur aus eine starke Liebe zum Geld, aber er war nicht von Anfang an so niederträchtig und gierig gewesen. Er hatte die Habsucht so lange gepflegt, bis sie sein Leben beherrschte. Deshalb konnte er seinen Herrn für dreißig Silberstücke* verkaufen – den Preis für einen Sklaven. 2 Mose 21,28-32 Er konnte den Heiland in Gethsemane mit einem Kuss verraten.

Nach dem Verrat folgte Judas dem Sohn Gottes auf dem Weg vom Garten zum Verhör vor der jüdischen Obrigkeit. Er hatte nicht damit gerechnet, dass der Heiland sich tatsächlich in die Gewalt derer begab, die schon lange nach Seinem Leben trachteten.

Er rechnete damit, dass der Heiland jeden Moment von himmlischen Mächten befreit und in Sicherheit gebracht, wie dies schon oft geschehen war.

Als jedoch die Stunden vergingen und Jesus still all die Demütigungen ertrug, überkam den Verräter die schreckliche Angst, er könnte seinen Meister wirklich dem Tod ausgeliefert haben.

Als das Verhör zu einem Ende kam, konnte Judas die Qualen seines schuldigen Gewissens nicht länger aushalten. Auf einmal halte durch den Saal eine heisere Stimme, welche jeden

---

* Das entspricht dem Arbeitslohn von rund fünf Monaten (etwa 15 000 Euro).

Anwesenden vor Schreck erschaudern ließ: »Er ist unschuldig! Verschone Ihn, o Kaiphas. Er hat nichts getan, was den Tod verdient!« Man konnte sehen, wie der großgewachsene Judas sich durch die erschrockene Menge nach vorne schob. Sein Gesicht war blass und eingefallen. Große Schweißtropfen standen auf seiner Stirn. Als er zum Richterstuhl eilte, warf er die Silberstücke, für die er den Heiland verraten hatte , dem Hohepriester vor die Füße.

Er klammerte sich flehentlich an Kaiphas' Gewand und bettelte ihn an, Jesus freizulassen; schließlich hätte Er nichts Falsches getan. Kaiphas schüttelte ihn verärgert ab und erwiderte verächtlich: »›Was geht uns das an? Das ist deine Sache.‹« Matthäus 27,4.

Judas warf sich dem Heiland vor die Füße. Er bekannte, dass Jesus der Sohn Gottes war, und bettelte Ihn an, sich selbst von Seinen Feinden zu befreien.

Der Heiland wusste, dass Judas seine furchtbare Tat nicht wirklich bereute. Der falsche Jünger hatte Angst vor der Strafe, aber er empfand keine echte Reue dafür, dass er den sündlosen Sohn Gottes verraten hatte.

Dennoch sprach Christus keinen Tadel aus. Er schaute mitleidig auf Judas und sagte: »Für diese Stunde bin ich auf die Welt gekommen.«

Ein erstauntes Raunen ging durch die Versammlung. Verwundert beobachteten sie, wie nachsichtig Jesus Seinen Verräter behandelte.

Judas sah, dass seine Bemühungen umsonst waren. Er eilte aus dem Saal und schrie: »Es ist zu spät! Es ist zu spät!«

Er konnte den Gedanken an die Kreuzigung Jesu nicht ertragen. In seiner Verzweiflung ging er hinaus und erhängte sich.

Später führte die gottlose Menge den Heiland von der Gerichtshalle des Pilatus nach Golgatha, wo die Kreuzigung stattfinden sollte. Auf dem Weg dorthin verstummte das Johlen und Spotten auf einmal. An einer abgelegenen Stelle sahen sie am Fuß eines abgestorbenen Baumes den toten Körper von Judas.

Es war ein abscheulicher Anblick. Sein Gewicht hatte den Strick zerrissen, an dem er sich erhängt hatte, und beim Aufprall war sein Körper schrecklich verstümmelt worden.

Seine Überreste wurden sofort weggebracht und vergraben. Aber der Spott der Menge war leiser geworden. Manch ein blasses Gesicht zeigte, dass Angst die Menschen erfasste. Die Vergeltung an denen, die am Blut Jesu schuldig waren, schien bereits begonnen zu haben.

Vor Pilatus

Nach Seiner Verurteilung vor dem Hohen Rat wurde Christus zu dem römischen Statthalter Pilatus gebracht. Dort sollte das Urteil bestätigt und ausgeführt werden.

Die jüdischen Priester und Obersten wollten die Gerichtshalle des Pilatus nicht betreten. Laut ihren Zeremonialgesetzen hätte der Kontakt mit einem Heiden sie verunreinigt, und dann hätten sie nicht am Passahfest teilnehmen dürfen.

In ihrer Blindheit sahen sie nicht, dass Christus das wahre Passahlamm war. Und da sie Ihn abgelehnt hatten, war dieses große Fest für sie sowieso bedeutungslos geworden.

Als Pilatus Jesus empfing, sah er einen Mann mit edler Gestalt und würdevoller Haltung. Nicht das geringste Böse war in Seinem Gesicht zu lesen. Pilatus wandte sich an die Priester und fragte: »›Was habt ihr gegen diesen Mann vorzubringen?‹« Johannes 18,29.

Seine Ankläger wollten keine Einzelheiten nennen, und so waren sie nicht vorbereitet auf diese Frage. Sie wussten, dass sie keine echten Beweise vorbringen konnten, die den römischen Machthaber von einer Verurteilung Christi überzeugen würden. Deshalb brachten die Priester falsche Zeugen zu ihrer Unterstützung vor, die behaupteten: »›Dieser Mann verführt unser Volk, Er fordert es auf, dem Kaiser keine Steuern zu zahlen, und Er behauptet, der Christus, ein König zu sein.‹« Lukas 23,2.

Das war falsch, denn Christus hatte klar dargelegt, dass man dem Kaiser Steuern zahlen sollte. Als die Gesetzeslehrer versucht hatten, Ihn wegen der Steuern in eine Falle zu locken, hatte Er gesagt: »›Gebt dem Kaiser, was ihm gehört.‹« Matthäus 22,21.

Pilatus ließ sich von den Aussagen dieser falschen Zeugen nicht beirren. Er wandte sich an den Heiland: »›Bist Du der König der Juden?‹ ... Jesus antwortete: ›Ja, es ist, wie du sagst.‹« Matthäus 27,11.

Als sie diese Antwort hörten, riefen Kaiphas und die anderen, Pilatus habe nun selbst gehört, dass Jesus schuldig sei. Unter lautem Geschrei forderten sie Seinen Tod.

Da Christus Seinen Anklägern nicht antwortete, fragte Pilatus Ihn: »›Hast Du nichts dazu zu sagen? Siehst Du nicht, was sie alles gegen Dich vorbringen?‹ Doch zum großen Erstaunen von Pilatus schwieg Jesus.« Markus 15,4f.

Nun war Pilatus verwirrt. Er sah keinen Beweis für eine Straftat bei Jesus und er hatte kein Vertrauen in Seine Ankläger. Die edle Erscheinung und das ruhige Auftreten des Heilandes standen in auffälligem Gegensatz zur Aufregung und Wut der jüdischen Führer. Pilatus war beeindruckt und von Christi Unschuld überzeugt.

Er hoffte, die Wahrheit herauszufinden, indem er Ihn Jesus beiseitenahm. »›Bist Du der König der Juden?‹, fragte er Ihn.« Jesus gab keine direkte Antwort, sondern fragte: »›Bist du selbst auf diese Frage gekommen oder haben andere dir von mir erzählt?‹« Der Geist Gottes bemühte sich um Pilatus. Jesu Frage war dazu gedacht, dass Pilatus sein eigenes Herz genauer prüfte. Pilatus verstand, worauf Jesus hinauswollte. Tief im Herzen war er tatsächlich überzeugt, dass Jesus der König der Juden war. Aber er wollte es nicht bekennen. Stolz kam in seinem Herzen auf: »›Bin ich etwa ein Jude?‹ entgegnete Pilatus. ›Dein eigenes Volk und ihre obersten Priester haben Dich hergebracht. Warum? Was hast Du getan?‹« Pilatus hatte die goldene Gelegenheit verpasst.

Doch Jesus gab ihn noch nicht auf. Damit Pilatus verstehen konnte, dass Jesus nicht wie irdischer König war, erklärt Er: »›Mein Reich ist nicht von dieser Welt. Wenn es so wäre, hätten meine Diener für mich gekämpft, als ich verhaftet wurde. Aber mein Königreich ist nicht von dieser Welt.‹ Pilatus entgegnete: ›Dann bist Du also ein König?‹ Jesus bestätigte: ›Du sagst es: Ich bin ein König. Dazu bin ich geboren. Ich bin gekommen, um der Welt die Wahrheit zu bringen. Wer die Wahrheit liebt, wird erkennen, dass meine Worte wahr sind.‹« Pilatus sehnte sich nach der Wahrheit. Aber er hatte keine Klarheit. Er saugte die Worte des Heilandes gierig auf. Tief im Herzen wünschte er sich zu verstehen, was Wahrheit ist und wo sie zu finden ist. Daher fragte er: »›Was ist Wahrheit?‹« Johannes 18,33-38. Aber er wartete nicht auf die Antwort. Der Tumult der Menschenmenge draußen erinnerte ihn an seine aktuelle Aufgabe. Die Priester forderten lautstark sofortiges Handeln. Pilatus ging hinaus und erklärte der Menge: »›Ich finde keine Schuld an Ihm.‹« Johannes 18,38 (Elb).

Diese Worte von einem heidnischen Richter waren ein vernichtendes Urteil für die abgrundtiefe Bosheit und Falschheit der israelitischen Obrigkeit und ihre Vorwürfe gegen den Heiland.

Als die Priester und Ältesten dies hörten, steigerten sich ihre Enttäuschung und Wut ins Grenzenlose. Lange hatte sie geplant und auf einen Gelegenheit gewartet, Jesus aus dem Weg zu schaffen. Als ihnen nun bewusst wurde, dass Er womöglich freigelassen würde, schien es, als hätten sie Ihn am liebsten in Stücke gerissen.

Sie verloren all ihre Vernunft und Selbstkontrolle und fluchten wild. So glichen sie mehr Dämonen als Menschen. Lautstark machten sie Pilatus Vorwürfe und drohten, ihn bei der römischen Regierung anzuklagen. Sie beschuldigten ihn, dass er sich weigerte, jemanden zu verurteilen, der – wie sie beharrten – sich gegen den Kaiser erhoben hatte. »»Er wiegelt das Volk auf und lehrt durch ganz Judäa hin, angefangen von Galiläa bis hierher««, schrien sie. Lukas 23,5.

Pilatus dachte nicht daran, Jesus zu verurteilen. Er war von Seiner Unschuld überzeugt. Aber als er hörte, dass Christus aus Galiläa war, entschied er sich, Ihn zu Herodes zu schicken. Er war der Herrscher jener Provinz und hielt sich gerade in Jerusalem auf. Auf diese Weise versuchte Pilatus, die Verantwortung für das Urteil auf Herodes abzuwälzen.

Jesus war schwach vor Hunger und müde aus Schlafmangel. Er hatte Schmerzen von der grausamen Behandlung. Aber Pilatus übergab Ihn wieder den Soldaten und unter dem Johlen und Schimpfen der gnadenlosen Menge wurde Er weggezerrt.

Vor Herodes

Herodes hatte sich schon lange gewünscht, Jesus einmal persönlich zu begegnen und Seine wunderwirkende Macht zu erleben. Als der Heiland vor ihn gebracht wurde, drängte und tobte der wütende Mob. Alles schrie wild durcheinander. Herodes befahl Stille, denn er wollte den Gefangenen befragen.

Neugierig und mitleidig blickte er in das blasse Gesicht Christi und las darin nur tiefe Weisheit und Reinheit. Wie schon Pilatus hatte er keinen Zweifel, dass die Juden den Heiland nur aus Bosheit und Neid beschuldigten.

Herodes bat Christus, eines Seiner erstaunlichen Wunder vor ihm zu vollbringen. Er versprach, Ihn dann freizulassen. Auf seinen Befehl wurden Schwache und Verkrüppelte hereingeführt und Jesus aufgefordert, sie zu heilen. Aber der Heiland stand vor Herodes, als ob Er nichts sähe und nichts hörte.

Der Sohn Gottes hatte menschliche Gestalt angenommen, und Er durfte nur das tun, was anderen Menschen in ähnlichen Situationen auch möglich war. Deshalb wollte Er kein Wunder wirken, nur um Neugier zu befriedigen oder Schmerzen und Demütigungen zu entgehen.

Als Herodes Christus befahl, ein Wunder zu vollbringen, gerieten Seine Ankläger in Panik. Nichts fürchteten sie mehr, als dass Christus Seine himmlische Macht zeigte. So eine Demonstration hätte ihren Plänen den Todesstoß versetzt und sie womöglich das Leben gekostet. Deshalb schrien sie, Jesus wirke die Wunder durch Beelzebub, den Fürsten der Dämonen.

Einige Jahre zuvor hatte Herodes den Lehren von Johannes dem Täufer zugehört. Er war tief beeindruckt gewesen, hatte sein zügelloses Leben in der Sünde jedoch nicht aufgegeben. Deshalb war sein Herz immer härter, bis er eines Tages in betrunkenem Zustand befahl, Johannes hinzurichten. Damit wollte er der grausamen Herodias gefallen.

Nun war er noch abgestumpfter. Er konnte das Schweigen Jesu nicht ertragen. Sein Gesicht wurde finster vor Ärger, und er drohte dem Heiland wütend. Dieser jedoch blieb unbewegt und ruhig.

Christus war in die Welt gekommen, um die gebrochenen Herzen zu heilen. Hätte Er ein Wort sprechen können, um die Wunden sündenbeladener Seelen zu heilen, wäre Er nicht still geblieben.

Aber Er hatte kein Wort für jemanden, der die Wahrheit mit Füßen trat.

Der Heiland hätte Herodes Dinge sagen können, die den gefühllosen König in Mark und Bein getroffen hätten. Er hätte ihn in Angst und Schrecken versetzen können, indem Er alle bösen Taten seines Lebens aufzählte oder ihm den schrecklichen Ausgang seines Lebens vor Augen hielt. Aber Sein Schweigen war der größte aller Tadel. Das Ohr, das für jeden Schrei leidender Menschen offen war, hörte nicht auf den Befehl Herodes'. Das Herz, das sogar durch die Bitten der ärgsten Sünder berührt wurde, verschloss sich dem eingebildeten König, der nicht spürte, dass er einen Erlöser brauchte.

Wütend wandte Herodes sich an die Menschenmenge und beschimpfte Jesus als Betrüger. Aber die Ankläger des Heilandes wussten, dass Er kein Betrüger war. Sie hatten zu viele Seiner mächtigen Taten gesehen.

Dann begann der König, den Sohn Gottes auf beschämende Weise zu misshandeln und lächerlich zu machen. »Da begannen Herodes und seine Soldaten Jesus zu verhöhnen und zu verspotten. Sie legten Ihm ein prächtiges Gewand an.« Lukas 23,11.

Als der böse König merkte, dass Jesus alle Demütigungen still ertrug, ergriff ihn plötzlich eine Ahnung, dass hier kein gewöhnlicher Mann vor ihm stand. Der Gedanke, dieser Gefangene könnte in Wirklichkeit ein himmlisches Wesen sein, brachte ihn ins Grübeln. Herodes wagte es nicht, Jesus offiziell zu verurteilen. Er wollte sich aus dieser schrecklichen Verantwortung herauswinden und sandte den Heiland zurück zu Pilatus.

Verurteilt durch Pilatus

Als die Juden mit dem Heiland von Herodes zu Pilatus zurückkamen, war er darüber sehr verärgert und fragte, was sie nun von ihm wollten. Er erinnerte sie daran, dass er Jesus bereits verhört und keine Schuld gefunden hatte. Er sagte ihnen, dass sie nicht einen einzigen Anklagepunkt beweisen konnten. Selbst Herodes, der ein Jude war wie sie, hatte nichts an Jesus gefunden, das den Tod verdiente. Aber um die Ankläger zufriedenzustellen, sagte Pilatus:

»›Ich werde Ihn geißeln lassen und danach lasse ich Ihn frei.‹« Lukas 23,16.

Hier zeigte Pilatus seine Schwäche. Er hatte anerkannt, dass Christus unschuldig war. Weshalb wollte er Ihn nun bestrafen? Es war ein Kompromiss mit dem Bösen, und die Juden erkannten hier ihre Gelegenheit. Der römische Befehlshaber hatte bereits ein Stück nachgegeben, und wenn sie nur genug Druck ausübten, würden sie am Ende die Verurteilung von Jesus erreichen.

Die Menschenmenge forderte nun noch lauter den Tod des Gefangenen. Während Pilatus noch zögerte, wurde ihm ein Brief von seiner Frau überreicht. Darin stand: »›Lass diesen unschuldigen Mann in Ruhe; ich hatte letzte Nacht seinetwegen einen schrecklichen Traum.‹« Matthäus 27,19.

Pilatus erblasste beim Lesen der Nachricht. Aber die wütende Menge wurde noch entschlossener, als sie sein Schwanken sah.

Pilatus sah, dass etwas geschehen musste. Es war Brauch, zum Passahfest einen Gefangenen freizulassen, den die Menschen auswählen durften. Die römischen Soldaten hatten vor kurzem einen bekannten Räuber namens Barabbas gefangen genommen. Er war ein schlimmer Verbrecher und ein Mörder. Also wandte Pilatus sich an die Menschenmasse und fragte mit großem Ernst: »›Welchen soll ich für euch freilassen – Barabbas oder Jesus, den man den Christus nennt?‹« Matthäus 27,17.

Sie antworteten: »›Töte Ihn und gib Barabbas frei!‹« Lukas 23,18. Pilatus war sprachlos vor Überraschung und Enttäuschung. Damit, dass er die Entscheidungsgewalt den Leuten übertrug, verlor er nicht nur seine Würde, sondern auch die Kontrolle über den Mob. Jetzt war er nur noch ein Spielball der wütenden Menge. Sie bestimmten, was er zu tun hatte. Dann fragte er: »›Was soll ich dann mit Jesus machen, der Christus genannt wird?‹ Und alle schrien: ›Kreuzige Ihn!‹ ›Warum?‹ wollte Pilatus wissen. ›Was hat Er denn verbrochen?‹ Aber die Menge schrie nur noch lauter: ›Kreuzige Ihn!‹« Matthäus 27,22f.

Pilatus wurde blass, als er den schrecklichen Schrei hörte: »Kreuzige Ihn, kreuzige Ihn!«

Pilatus versuchte noch ein letztes Mal, an ihr Mitgefühl zu appellieren. Obwohl Jesus schon völlig erschöpft und von Wunden übersät war, wurde er vor den Augen Seiner Ankläger gegeißelt.

»Die Soldaten flochten eine Krone aus langen Dornenzweigen, setzten sie Ihm auf den Kopf und legten Ihm ein purpurfarbenes Gewand um. Dann spotteten sie: ›Sei gegrüßt, Du König der Juden!‹ Und sie schlugen Ihn mit den Fäusten.« Johannes 19,2f.

Sie bespuckten Ihn, und eine boshafte Hand schnappte sich den Rohrstock, den man Ihm gegeben hatte, und schlug damit auf die Dornenkrone. So wurden die Dornen in Seine Stirn gebohrt und ließen das Blut über Sein Gesicht und Seinen Bart rinnen.

Satan fstachelte die grausamen Soldaten zu ihrem Missbrauch des Heilandes an. Er wollte Ihn provozieren, zurückzuschlagen oder ein Wunder zu vollbringen, um sich selbst zu retten, denn das hätte den Erlösungsplan vereitelt. Ein Fleck in Seinem menschlichen Leben, ein Fehler beim Ertragen dieser schrecklichen Prüfung, und das Lamm Gottes wäre kein makelloses Opfer mehr gewesen und hätte die Menschheit nicht erlösen können.

Er war der Befehlshaber der himmlischen Heerscharen und hätte augenblicklich Tausende heiliger Engel zu Hilfe rufen können, von denen ein einziger gereicht hätte, um die grausame Menge zu überwältigen. Er, der all diese brutalen Menschen mit einem kurzen Hervorblitzen Seiner göttlichen Majestät besiegen hätte können, unterstellte sich würdig und gefasst den gröbsten Beleidigungen und Wutausbrüchen.

Die Grausamkeit der boshaften Menschen, die Jesus quälten, erniedrigte sie zu unmenschlichen Bestien. Sie wurden zu einem Abbild Satans. Im Gegensatz dazu hoben die Sanftmut und Geduld Jesu Ihn über alles Menschliche hinaus und bewiesen Seine göttliche Herkunft.

Pilatus war tief berührt von der klaglosen Geduld des Heilandes. Er ließ Barabbas in den Gerichtssaal rufen und stellte die zwei Gefangenen Seite an Seite. Als er auf den Heiland zeigte, sagte er mit eindringlicher Stimme: »›Hier ist Er, der Mensch!‹ ›Ich lasse Ihn jetzt zu euch hinausbringen, damit ihr wisst, dass ich keine Schuld an Ihm finden kann.‹« Johannes 19,5.4.

Dort stand der Sohn Gottes, spöttisch bekleidet mit einem Umhang und einer Dornenkrone. Sein Oberkörper war entblößt, und Sein Rücken zeigte lange, grausame Striemen, aus denen das Blut strömte. Sein Gesicht war blutverschmiert und trug die Zeichen von Erschöpfung und Schmerzen, doch nie zuvor schien es mehr Schönheit auszustrahlen als gerade jetzt. Jeder Zug drückte Sanftmut, Ergebenheit und zärtlichstes Mitgefühl für Seine Feinde aus.

Der Gefangene neben Ihm war ein krasser Gegensatz dazu. Jedes Detail in seinem Gesicht zeigte, dass Barabbas kalt und gewissenlos war.

Einige der Zuschauer bekamen Mitleid mit Jesus. Sogar die Priester und Obersten waren überzeugt, dass Er der Sohn Gottes war. Aber sie wollten nicht nachgeben. Sie hatten die Menge zu so einer blinden Wut angestachelt, dass sie alle gemeinsam erneut zu schreien begannen: »Kreuzige Ihn, kreuzige Ihn!«

Zuletzt verlor Pilatus alle Geduld mit ihrer grundlosen, rachsüchtigen Grausamkeit und rief: »›Nehmt ihr Ihn selbst und kreuzigt ihr Ihn. Ich kann keine Schuld an Ihm finden.‹« Johannes 19,6. Pilatus kämpfte mit aller Kraft für die Freilassung des Heilands, doch die Juden schrien: »›Wenn du diesen Mann freilässt, bist du kein Freund des Kaisers. Wer sich zum König erklärt, erhebt sich gegen den Kaiser.‹« Johannes 19,12.

Diese Worte trafen Pilatus an seinem wunden Punkt. Er wurde bereits von der römischen Regierung beobachtet und wusste, dass solch ein Bericht seine Berufslaufbahn beenden würde. »Pilatus sah, dass er so nicht weiterkam und dass sich ein Tumult anbahnte. Da ließ er sich eine Schüssel mit Wasser bringen und wusch sich vor den Augen der Menge die Hände mit den Worten: ›Ich bin unschuldig am Blut dieses Mannes. Die Verantwortung liegt bei euch!‹« Matthäus 27,24.

Umsonst versuchte Pilatus, sich von der Schuld der Verurteilung Jesu freizusprechen. Hätte er zu Beginn klar und bestimmt gehandelt und seine richterliche Macht ausgeübt, wäre er von der wütenden Menge nicht überstimmt worden. Sie hätten ihm nicht ihren Willen aufzwingen können.

Seine Unentschlossenheit und sein Schwanken führten jedoch in seinen Untergang. Er sah, dass Jesu Freispruch ihn seine Ehre und Position kosten würden.

Anstatt seine weltliche Macht zu verlieren, opferte er lieber ein unschuldiges Leben. So gab er den Forderungen der Menschenmenge nach, ließ Jesus nochmals geißeln und übergab Ihn dann zur Kreuzigung.

Aber trotz dieser Entscheidung passierte kurze Zeit später genau das, wovor er sich so gefürchtet hatte: Seine Ehre wurde von ihm genommen, und er wurde aus seinem hohen Amt entlassen. Das verletzte seinen Stolz so sehr, dass er sich kurz nach der Kreuzigung das Leben nahm.

So geht es allen, die mit der Sünde Kompromisse eingehen: Sie werden nur Leid und Verderben ernten. »Vor jedem Menschen liegt ein Weg, der richtig zu sein scheint, aber dennoch in den Tod führt.« Sprüche 14,12.

Als Pilatus erklärte, dass er unschuldig am Vergießen des Blutes Jesu sei, antwortete Kaiphas trotzig: »›Sein Blut komme über uns und unsere Kinder!‹« Matthäus 27,25.

Diese furchtbaren Worte wurden von den Priestern wiederholt und danach von den Leuten.

Es war eine schreckliche Strafe, die sie sich selbst auferlegten. Und es war auch ein schreckliches Erbe, das sie an ihre Nachkommen weiterreichen würden.

Schrecklich erfüllte es sich 40 Jahre später in den grausamen Szenen der Zerstörung Jerusalems.

Schrecklich erfüllte es sich in der Zerstreuung, Verstoßung und Unterdrückung des jüdischen Volkes seit jenem Tag.

Schrecklich wird die Erfüllung sein, wenn der Tag der letzten Abrechnung kommt. Dann wird alles ganz anders sein. Derselbe Jesus wird kommen, »inmitten von Feuerflammen, um das Gericht über diejenigen zu bringen, die Gott nicht kennen.« Apostelgeschichte 1,11; 2. Thessalonicher 1,8.

Dann werden sie die Felsen und Berge anflehen: »›Fallt auf uns und verbergt uns vor dem Angesicht dessen, der auf dem Thron sitzt, und vor dem Zorn des Lammes! Denn der große Tag Ihres Zorns ist gekommen!‹« Offenbarung 6,16f.

Golgatha

Jesus wurde unter dem Schreien und Johlen der Menge nach Golgatha gezerrt. Als Er durch das Tor des Gerichtshofes hinausgeführt wurde, legte man Ihm das schwere Kreuz, das eigentlich für Barabbas vorbereitet worden war, auf die wunden, blutenden Schultern. Kreuze wurden auch auf zwei Räuber gelegt, welche gemeinsam mit Jesus den Tod erleiden sollten.

Das Gewicht war zu schwer für den Heiland, denn all die Strapazen und Qualen hatten Ihn völlig erschöpft. Er war gerade ein paar Schritte gegangen, als Er unter der Last des Kreuzes zusammenbrach.

Als Er wieder zu sich kam, wurde Ihm das Kreuz nochmals auf die Schultern gelegt. Er taumelte ein paar Schritte vorwärts und fiel dann wieder wie leblos zu Boden. Seine Peiniger, begriffen nun, dass es Ihm unmöglich war, diese Last zu tragen.

In diesem Moment kam ein Mann namens Simon von Kyrene dem Zug entgegen. Sie ergriffen ihn und zwangen ihn, das Kreuz nach Golgatha zu tragen.

Simons Söhne waren Jünger von Jesus, aber er selbst hatte den Heiland nicht als Erlöser angenommen. Im Nachhinein war Simon sehr dankbar für das Vorrecht, das Kreuz des Erlösers zu tragen. Die Last, die man ihm aufgezwungen hatte, wurde zum Anlass für seine Bekehrung. Die Ereignisse auf Golgatha und die Worte, die er von Jesus hörte, führten dazu, dass er Ihn als Sohn Gottes annahm.

Als sie am Kreuzigungsort ankamen, wurden die Verurteilten an die grausamen Hinrichtungsgeräte gebunden. Die zwei Räuber wehrten sich verzweifelt aber der Heiland zeigte keinen Widerstand.

Die Mutter Jesu war Ihm auf Seinem Leidensweg nach Golgatha gefolgt. Sie sehnte sich danach, Ihm beizustehen, als Er erschöpft unter Seiner Last zusammenbrach. Aber dieser Liebesdienst wurde ihr nicht erlaubt.

Bei jedem Schritt auf dem qualvollen Weg hatte sie darauf gewartet, dass Er Seine göttliche Macht zeigen und sich aus der Gewalt der mörderischen Menge befreien würde. Und nun, als die Kreuzigung bevorstand und sie sah, wie die Räuber ans Kreuz gebunden wurden, konnte Maria die Spannung kaum noch ertragen.

Würde Er, der Tote zum Leben erweckt hatte, sich wirklich kreuzigen lassen? Sollte der Sohn Gottes ein so qualvolles Ende finden? Musste sie ihren Glauben aufgeben, dass Er der Messias war?

Sie sah, wie Seine Hände auf dem Kreuz ausgestreckt wurden – jene Hände, die immer nur gesegnet hatten. Hammer und Nägel wurden gebracht, und als die Nägel Sein weiches Fleisch durchbohrten, sank die Mutter ohnmächtig zusammen, und die Jünger mussten sie vom Schauplatz des grausamen Geschehens wegtragen.

Der Heiland jammerte nicht ein bisschen, aber große Schweißtropfen standen auf Seiner blassen Stirn. Er durchlitt diese letzten Momente alleine und »niemand aus den Völkern war bei« Ihm. Sogar Seine eigenen Jünger hatten Ihn alleingelassen. Jesaja 63,3.

Als die Soldaten ihre Arbeit taten, wanderten die Gedanken Jesu weg von Seinen eigenen Leiden hin zu den schrecklichen Folgen, welche Seine Verfolger eines Tages für ihre Handlungen tragen müssen. Er hatte Mitleid mit den Unwissenden und betete: »›Vater, vergib diesen Menschen, denn sie wissen nicht, was sie tun.‹« Lukas 23,34.

Sobald Christus ans Kreuz genagelt worden war, wurde es von starken Männern aufgerichtet und mit großer Wucht in eine dafür vorgesehene Vertiefung gerammt. Dies schmerzte den Sohn Gottes extrem. Pilatus schrieb dann den Kreuzigungsgrund auf Latein, Griechisch und Hebräisch auf eine Tafel und brachte sie über dem Kopf Jesu am Kreuz an, wo jeder sie sehen konnte. Darauf stand: »›Jesus von Nazareth, König der Juden‹« Die Juden verlangten, dass man dies änderte, und sagten: »›Schreib nicht, ‚König der Juden', sondern schreib: Er hat behauptet: Ich bin der König der Juden.‹« Aber Pilatus ärgerte sich darüber, wie schwach er gewesen war, als es um die Verurteilung Jesu ging. Zudem verachtete er die eifersüchtigen und hinterlistigen Obersten der Juden. Deshalb antwortete er: »›Was ich geschrieben habe, habe ich geschrieben.‹« Johannes 19,20-22.

Die Soldaten teilten Jesu Kleidung untereinander auf. Ein Kleidungsstück war nahtlos gewebt, und sie stritten darüber, wer es bekommen sollte. Schließlich einigten sie sich darauf, darum zu losen. Gottes Prophet genau das vorausgesagt, als er schrieb: »Wie ein Rudel Hunde umkreisen mich meine Feinde und eine Rotte von Bösen treibt mich in die Enge. Sie haben mir Hände und Füße durchbohrt... Sie teilen meine Kleider unter sich auf und werfen Lose um mein Gewand.« Psalm 22,17f.

Sobald Jesus am Kreuz aufgerichtet war, spielten sich furchtbare Szenen ab. Priester, Herrscher und Schriftgelehrte taten sich mit der Volksmenge zusammen und verspotteten johlend den sterbenden Sohn Gottes. Sie sagten: »»Wenn Du der König der Juden bist, rette Dich selbst.«« Lukas 23,37.

»»Anderen hat Er geholfen‹, höhnten sie, ›aber sich selbst kann Er nicht helfen! Wenn Er wirklich der König Israels ist, dann soll Er doch vom Kreuz herabsteigen. Dann werden wir an Ihn glauben! Er hat Gott vertraut – nun soll Gott zeigen, dass Er zu Ihm steht, indem Er Ihn verschont! Er behauptet ja: ‚Ich bin der Sohn Gottes.'‹« Matthäus 27,42f.

»Die Leute, die vorbeigingen, schüttelten den Kopf und verspotteten Ihn: ›Ha! Du kannst doch den Tempel zerstören und in drei Tagen wieder aufbauen, oder? Nun, dann rette Dich doch selbst und steig vom Kreuz herab!‹« Markus 15,29f.

Christus hätte vom Kreuz heruntersteigen können. Aber wenn Er dies getan hätte, wären wir niemals erlöst worden. Wegen uns war Er bereit zu sterben.

»Doch wegen unserer Vergehen wurde Er durchbohrt, wegen unserer Übertretungen zerschlagen. Er wurde gestraft, damit wir Frieden haben. Durch Seine Wunden wurden wir geheilt!« Jesaja 53,5.

Der Tod Christi

Als Er Sein kostbares Leben für uns hingab, erlebte Christus keine freudigen, triumphierenden Gefühle. Sein Herz war von quälender Angst erfüllt und von Finsternis bedrückt. Der wahre Grund für Sein unendliches Leid war jedoch etwas anderes. Es war das erdrückende Gewicht der Sünden dieser Welt und das Bewusstsein, dass Jesus von der Liebe Seines Vaters getrennt war. Das war es, was das Herz des Heilandes brach und Ihn so schnell sterben ließ.

Christus erlebte, wie schrecklich die sündigen Menschen eines Tages fühlen werden, wenn sie die Schwere ihrer Schuld begreifen und ihnen klar wird, dass sie sich für immer von der Freude und dem Frieden des Himmels ausgeschlossen haben.

Engel beobachteten mit Erstaunen das unvorstellbare innere Leiden des Sohnes Gottes. Seine Seelenqual war so intensiv, dass Er den körperlichen Schmerz der Kreuzigung kaum spürte.

Die Natur fühlte mit ihrem Schöpfer. Die Sonne schien bis zum Mittag hell und klar, aber plötzlich war es, als hätte jemand sie ausgelöscht. Um das Kreuz herrschte eine Dunkelheit in dunkelster Nacht. Diese übernatürliche Finsternis dauerte drei ganze Stunden an.

Ein fürchterlicher Schauder erfasste die Menge. Die Flüche und der Spott verstummten. Männer, Frauen und Kinder fielen in blankem Schrecken zu Boden.

Gelegentlich leuchteten Blitze aus der schwarzen Wolke auf und gaben den Blick auf das Kreuz und den Erlöser frei. Alle dachten, die Stunde ihres Gerichts sei gekommen. Gegen drei Uhr nachmittags hob sich die Dunkelheit von den Menschen, aber den Heiland umhüllte sie immer noch wie ein Mantel. Es schien, als ob die Blitze auf Ihn gerichtet seien, als Er dort am Kreuz hing. Da sandte Er einen bedrückten Schrei zum Vater: »›Mein Gott, mein Gott, warum hast du mich verlassen?‹« Matthäus 27.46.

In der Zwischenzeit hatte sich die Dunkelheit über Jerusalem und die Ebenen von Judäa gelegt. Alle konnten sehen, dass die mächtigen Blitze von Gottes Zorn sich nun gegen die zum Untergang verurteilte Stadt richteten.

Plötzlich wurde die Dunkelheit vom Kreuz weggenommen. Da schrie Jesus mit klarer, gellender Stimme, die durch die ganze Schöpfung zu hallen schien: »›Es ist vollbracht!‹« Johannes 19,30. »›Vater, ich lege meinen Geist in Deine Hände!‹« Lukas 23,46.

Ein Licht umhüllte das Kreuz, und das Gesicht des Heilandes strahlte hell wie die Sonne. Er neigte den Kopf auf Seine Brust und starb.

Die Menge, die um das Kreuz war wie gelähmt. Mit angehaltenem Atem starrten die Menschen auf den Heiland. Noch einmal legte sich Dunkelheit auf die Welt und ein dumpfes, wie Donner klingendes Grollen ertönte.

Dann kam ein heftiges Erdbeben. Die Leute wurden zu Haufen zusammengeschüttelt. Ein wildes Durcheinander entstand, und Panik kam auf. In den umliegenden Bergen lösten sich Felsbrocken und stürzten hinunter ins Tal. Gräber öffneten sich, und viele Tote wurden herausgeworfen. Die Schöpfung schien sich in ihre einzelnen Bestandteile aufzulösen. Priester, Herrscher, Soldaten und die Menschenmenge lagen stumm vor Entsetzen flach auf der Erde.

Als Christus starb, dienten gerade einige Priester im Jerusalemer Tempel. Sie fühlten die Erschütterungen des Erdbebens. Im selben Moment riss der Vorhang, der das Heiligtum im Tempel vom Allerheiligsten trennte, von oben nach unten entzwei. Dieselbe blutlose Hand, die den Vorhang zerriss, hatte Jahrhunderte zuvor in Belsazars Palast eine Gerichtsbotschaft an die Wand geschrieben.

Das Allerheiligste des irdischen Tempels war nicht länger heilig. Nie wieder sollte sich Gottes Gegenwart über dem Gnadenthron offenbaren. Auf dem Brustschild an der Kleidung der Hohepriester gab es zwei Steine, von denen einer leuchten und einer sich verfinstern konnte. Daran hatten die Priester immer erkennen können, ob Gott einer Sache zustimmte, oder nicht. Dies würde Er von nun an nicht mehr tun. Ab sofort war das Blut der Opfertiere im Tempel wertlos. Das Lamm Gottes war nun für die Sünden der Welt geopfert worden.

Als Christus am Kreuz von Golgatha starb, öffnete Er den Weg zum ewigen Leben für alle Menschen, egal, ob sie Juden waren oder Heiden.

Engel jubelten, als der Heiland ausrief: »Es ist vollbracht!« Der große Erlösungsplan war nun auf sicheren Felsengrund gestellt. Durch ein Leben des Gehorsams können alle Nachkommen Adams eines Tages wieder vor Gottes Angesicht treten. Satan ist seither besiegt und weiß, dass er sein Reich verloren hat.

In Josefs Grab

Der Heiland war als Verräter gegen die römische Herrschaft verurteilt worden. Normalerweise wäre Er nun an einem speziellen Ort beerdigt werden, der für solche Verbrecher bestimmt war.

Johannes schauderte beim Gedanken daran, dass der Körper seines geliebten Meisters durch die erbarmungslosen Soldaten vom Kreuz genommen und in ein so unwürdiges Grab gelegt würde. Aber er wusste nicht, wie er dies verhindern konnte, denn er hatte keinen Einfluss auf Pilatus.

In dieser schwierigen Zeit kamen Nikodemus und Josef von Arimathäa, den Jüngern zu Hilfe. Beide Männer waren Mitglieder des Hohen Rates und kannten Pilatus. Beide waren reich und mächtig. Sie wollten, dass der Heiland würdevoll beerdigt wird.

Josef ging mutig zu Pilatus und bat ihn um den Leichnam Jesu. Pilatus gewährte ihm seine Bitte nachdem er erfahren hatte, dass Jesus wirklich tot war.

Währenddessen bereitete Nikodemus die Beerdigung vor. Es war damals üblich, den Körper eines Toten mit wertvollen Ölen und Kräutern einzureiben und in Tücher aus Leinen zu wickeln. Das war eine Art des Einbalsamierens. Deshalb brachte Nikodemus ein kostbares Geschenk von etwa 30 Kilogramm Myrrhe und Aloe für den Körper Jesu mit.

Selbst den wichtigsten Männern Jerusalems hätte man im Tod keine größere Ehre erweisen können. Die einfachen Nachfolger Jesu waren erstaunt, als sie sahen, mit welcher Hingabe diese reichen Obersten sich um das Begräbnis ihres Herrn kümmerten.

Die Jünger waren überwältigt von Kummer um den über den Tod Christi. Sie dachten nicht daran, dass Er Seinen Tod ja angekündigt hatte. Sie waren ohne Hoffnung. Weder Josef noch Nikodemus hatten den Heiland offen als Erlöser angenommen, als Er noch am Leben war. Aber sie hatten Seinen Lehren zugehört und Ihn bei jedem Schritt Seines Dienstes beobachtet. Die Jünger hatten zwar vergessen, dass Jesus Seinen Tod vorausgesagt hatte, aber Josef und Nikodemus erinnerten sich sehr gut daran. Die Szenen rund um den Tod Jesu hatten die Jünger sehr entmutigt und im Glauben erschüttert. Diesen Obersten bewiesen sie jedoch, dass Er der tatsächlich Messias war. Jetzt hatten sie den Mut, ihren Glauben an Ihn zu bekennen.

Die Hilfe dieser reichen und angesehenen Männer war auch bitter nötig. Sie konnten für ihren toten Herrn das tun, was den armen Jüngern unmöglich war.

Vorsichtig und ehrfürchtig nahmen sie eigenhändig den Leichnam Christi vom Kreuz. Sie weinten vor Mitleid, als sie auf Seinen verwundeten und zerschundenen Körper schauten.

Josef besaß ein Grab, das in einen Felsen geschlagen war. Er hatte es für sich selbst machen lassen. Jetzt bereitete er es aber für Jesus vor. Der Leichnam wurde zusammen mit Nikodemus' Duftsalben in Leinen gewickelt und dann ins Grab gelegt.

Obwohl die jüdischen Herrscher es geschafft hatten, Christus zu töten, fanden sie keine Ruhe. Sie kannten Seine große Macht nur zu gut.

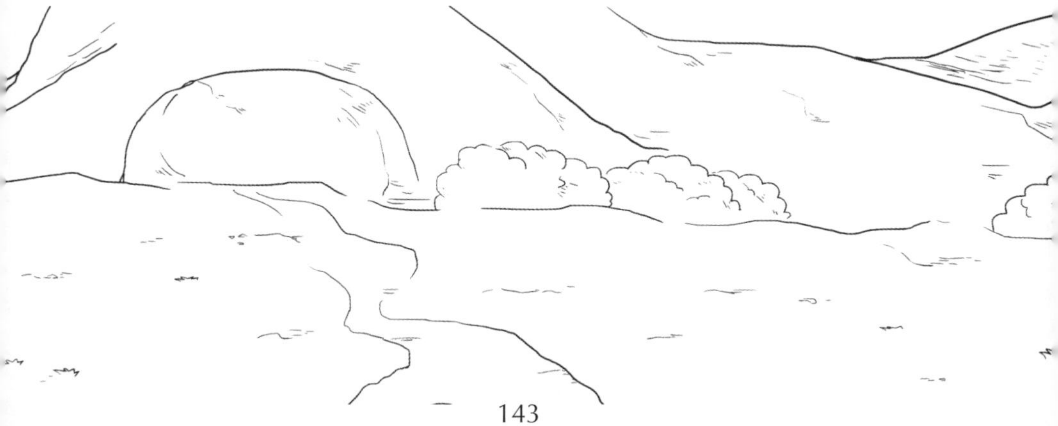

Manche von ihnen waren damals am Grab von Lazarus gestanden und hatten seine Auferstehung miterlebt. Sie zitterten bei dem Gedanken, Christus könnte selbst von den Toten auferstehen und ihnen begegnen.

Jesus hatte einmal öffentlich gesagt, dass Er die Macht habe, Sein Leben zu geben und dann wieder zu nehmen. Das hatten auch sie gehört. Sie erinnerten sich außerdem an Seine Worte: »›Zerstört diesen Tempel, und in drei Tagen werde ich ihn wieder aufbauen.‹« Johannes 2,19. Und sie wussten, dass Er damals von Seinem eigenen Körper geredet hatte. Judas hatte ihnen erzählt, was Er Seinen Jüngern auf der letzten Reise nach Jerusalem gesagt hatte: »›Wenn wir nach Jerusalem kommen‹, sagte Er, ›wird der Menschensohn an die obersten Priester und Schriftgelehrten verraten werden. Sie werden Ihn zu Tode verurteilen. Dann werden sie Ihn den Römern ausliefern, und die werden Ihn verspotten, auspeitschen und kreuzigen. Doch am dritten Tag wird Er von den Toten auferweckt werden.‹« Matthäus 20,18f.

Lebhaft erinnerten sie sich, wie oft Er Seine Auferstehung angekündigt hatte. Sie konnten diese Worte einfach nicht vergessen, wie sehr sie es auch versuchten. Wie ihr geistlicher Vater, der Teufel, glaubten sie und zitterten.

Alles zeigte ihnen, dass Jesus der Sohn Gottes war. Sie konnten nicht schlafen, denn sie machten sich über den toten Jesus mehr Sorgen, als sie es je zu Seinen Lebzeiten getan hatten. Deshalb wollten sie tun, was sie nur konnten, um eine Auferstehung von Jesus zu verhindern. Sie gingen zu Pilatus und baten ihn, das Grab bis zum dritten Tag zu versiegeln und zu bewachen.

Pilatus stellte auf Bitte der Priester einen großen Trupp bereit und sagte: »›Nehmt Wachen mit und sichert das Grab, so gut ihr könnt.‹ Also versiegelten sie das Grab und stellten Wachen auf, die es schützen sollten.« Matthäus 27,65f.

Er ist auferstanden

Mit größter Sorgfalt wurde das Grab des Erlösers bewacht. Der Eingang war mit einem großen Stein verschlossen worden und mit einem römischen Siegel so gesichert, dass er nicht bewegt werden konnte, ohne das Siegel zu zerbrechen.

Um das Grab herum standen die römischen Wachsoldaten. Sie sollten aufmerksam darauf achten, dass niemand zum Leichnam Jesu gelangte. Manche von ihnen liefen ständig vor dem Grab hin und her, während andere sich in der Nähe am Boden ausruhten.

Aber am Grab waren noch weitere Wächter. Mächtige himmlische Engel waren dort. Ein einziger von ihnen hätte ausgereicht, um die ganze römische Armee zu besiegen.

Langsam ging die Nacht zum Sonntag ihrem Ende zu. Es war die dunkelste Stunde, kurz vor Tagesanbruch. Einer der mächtigsten Engel wurde vom Himmel gesandt. Er strahlte hell wie ein Blitz und seine Kleidung weiß wie Schnee. Sein Licht erleuchtete den Weg vor ihm, und der gesamte Himmel erstrahlte von seiner Herrlichkeit.

Die schlafenden Soldaten erwachten und sprangen auf. Staunend starrten sie wie gebannt auf den offenen Himmel und die Lichtgestalt, die sich ihnen näherte. Die Erde bebte und zitterte, als das mächtige Wesen aus einer anderen Welt auf sie zukam. Er kam als ein freudiger Abgesandter, und die Geschwindigkeit und Kraft seines Fluges ließen die Welt wie bei einem mächtigen Erdbeben erzittern. Soldaten, Offiziere und Wächter fielen wie tot zu Boden.

Um das Grab des Erlösers war eine zusätzliche Wache aufgestellt worden. Böse Engel waren vor Ort. Weil der Sohn Gottes tot war, betrachtete der Teufel den Leichnam als seine Beute. Die Engel Satans waren vor Ort, um sicherzustellen, dass niemand ihnen Jesus wegnähme. Aber als der Mächtige vom Thron Gottes sich näherte, flohen sie panisch vor dieser Szene.

Der Engel erfasste den Stein am Eingang des Grabes und rollte ihn weg wie einen Kieselstein. Dann rief er mit einer Stimme, welche die Erde zum Beben brachte: »Jesus, Du Sohn Gottes, komm hervor. Dein Vater ruft Dich!« Und dann geschah es: Er, der die Macht des Todes und des Grabes besiegt hatte, aus dem Grab hervor! Vor dem geliehenen Grab verkündigte Er: »Ich bin die Auferstehung und das Leben!« Die himmlischen Engelscharen beugten sich in Anbetung vor dem Erlöser nieder und begrüßten Ihn mit Lobliedern. Jesus war Sieger über den Tod!

In Seiner Gegenwart wankte die Erde, Blitze zuckten und Donner grollte. Ein Erdbeben war geschehen, als Christus Sein Leben niedergelegt hatte. Ein Erdbeben bezeugte auch den Moment, als Er es siegreich wieder aufnahm.

Satan war zutiefst erbost darüber, dass seine Engel beim Herannahen des himmlischen Boten geflohen waren. Er hatte zu hoffen gewagt, dass Christus Sein Leben nicht wieder aufnehmen würde und der Erlösungsplan gescheitert sei. Aber als er den Erlöser triumphierend aus dem Grab hervorkommen sah, war alle Hoffnung verloren. Satan wusste nun, dass Sein Reich ein Ende haben und er schließlich vernichtet würde.

Geht und sagt es meinen Jüngern

Lukas erzählt in seinem Bericht über das Begräbnis des Heilandes von den Frauen, die bei der Kreuzigung anwesend waren. Sie gingen nach Hause, um Kräuter und Öle vorzubereiten und den ganzen Sabbat über zu ruhen, wie das Gesetz es vorschrieb Lukas 23,56.

Der Heiland war am Freitag, dem sechsten Tag der Woche, beerdigt worden. Die Frauen bereiteten Kräuter und Öle zur Einbalsamierung Seines Körpers vor und legten sie zur Seite, bis der Sabbat vorbei war. Nicht einmal für die Einbalsamierung von Jesus wollten sie am Sabbat arbeiten.

»Als der Sabbat vorüber war, ... früh am ersten Tag der Woche, gerade als die Sonne aufging, machten sie sich auf den Weg zum Grab.« Markus 16,1f.

Als sie sich dem Garten näherten, waren sie überrascht, dass der Himmel auf einmal wunderschön aufleuchtete und die Erde unter ihren Füßen bebte. Sie eilten zum Grab und waren noch erstaunter, als sie entdeckten, dass der Stein weggerollt war und die römischen Wachen verschwunden waren.

Maria Magdalena hatte den Ort als Erste erreicht. Als sie sah, dass das Grab offenstand, eilte sie weg, um es den Jüngern zu berichten. Nun erst kamen die anderen Frauen hin und bemerkten ein Licht, das um das Grab leuchtete. Sie schauten hinein und sahen, dass der Leichnam Jesu nicht da war.

Als sie noch ein wenig verweilten, entdeckten sie plötzlich einen jungen Mann in leuchtenden Gewändern, der beim Grab saß. Es war der Engel, der den Stein weggerollt hatte. Erschrocken wandten sie sich um und wollten wegrennen, aber der Engel sagte: »›Habt keine Angst! Ich weiß, ihr sucht Jesus, der gekreuzigt wurde. Er ist nicht hier! Er ist von den Toten auferstanden, wie Er gesagt hat. Kommt und seht, wo Sein Leichnam gelegen hat.‹ ... ›Und nun geht und sagt Seinen Jüngern, dass Er von

den Toten auferstanden ist und ihnen nach Galiläa vorausgeht. Dort werdet ihr Ihn sehen.‹« Matthäus 28,5-7.

Als die Frauen noch einmal in das Grab schauten, sahen sie einen leuchtenden Engel, der sie fragte: »›Warum sucht ihr den Lebenden bei den Toten? Er ist nicht hier! Er ist auferstanden! Erinnert ihr euch nicht, wie Er in euch in Galiläa sagte, dass der Menschensohn in die Hände sündiger Menschen übergeben und gekreuzigt werden muss und dass Er am dritten Tag wieder auferstehen wird?‹« Lukas 24,5-7.

Dann erklärten die Engel den Tod und die Auferstehung Christi. Sie erinnerten die Frauen an Christi an Seine Ankündigung, dass er gekreuzigt und dann auferstehen würde. Nun kam die Erinnerung an diese Worte zurück, und voll frischer Hoffnung und neuem Mut eilten sie zurück, um die frohe Botschaft weiterzusagen.

Maria hatte das alles nicht miterlebt, kehrte jedoch jetzt mit Petrus und Johannes zurück. Als die Männer anschließend wieder nach Jerusalem gingen, blieb sie alleine beim Grab. Sie brachte es nicht übers Herz wegzugehen, bevor sie herausgefunden hatte, was mit dem Leichnam ihres Herrn passiert war. Schluchzend stand sie dort, als sie plötzlich eine Stimme hörte: »›Wen suchst du?‹« Ihre Augen waren so voller Tränen, dass sie nicht sehen konnte, wer mit ihr sprach. Sie meinte, es wäre der Gärtner, und antwortete: »›Wenn du Ihn weggenommen hast, sag mir, wo du Ihn hingebracht hast; dann gehe ich Ihn holen.‹« Sie dachte, dass man ihren Herrn vielleicht aus dem Grab des reichen Mannes genommen hatte, weil man der Meinung war, Er hätte kein so ehrenhaftes Grab verdient. Sie wollte selbst dafür sorgen, dass Er ein gutes Grab bekäme. »Maria!«, sagte Jesus, und diesmal erkannte sie die Stimme.

Schnell wischte sie ihre Tränen weg und schaute den Heiland an. Voller Freude vergaß sie, dass Er gekreuzigt worden war,

und streckte ihre Arme aus: »›Meister!‹«, sagte sie. »›Berühre mich nicht‹, sagte Jesus, ›denn ich bin noch nicht zum Vater aufgefahren. Aber geh zu meinen Brüdern und sage ihnen, dass ich zu meinem Vater und zu eurem Vater, zu meinem Gott und zu eurem Gott auffahre.‹« Johannes 20,15-17.

Jesus wollte von Seinen Anhängern nicht verehrt werden, bis Er wusste, dass Sein Opfer vom Vater angenommen war. Er stieg auf zu den himmlischen Höfen und hörte von Gott selbst, dass Seine Versöhnungstat ausreichte, um die Sünden der Menschen zu sühnen. Alle Menschen konnten nun durch Sein Blut ewiges Leben erlangen.

Alle Macht im Himmel und auf der Erde wurde dem Fürsten des Lebens gegeben, und Er kehrte zu Seinen Nachfolgern auf die Welt der Sünde zurück, um ihnen Seine Macht und Herrlichkeit zu verleihen.

Die Zeugen

Am späten Nachmittag des Auferstehungstages gingen zwei Jünger nach Emmaus. Diese kleine Stadt lag 13 Kilometer von Jerusalem entfernt. Sie waren verstört durch die Ereignisse der letzten Tage und besonders durch die Berichte der Frauen, welche angeblich Engel und den Herrn Jesus nach Seiner Auferstehung gesehen hatten.

Sie gingen nun zurück nach Hause, um über alles nachzudenken und zu beten. Die Männer hofften, dass sie so das Geschehen besser begreifen könnten.

Während sie unterwegs waren, gesellte sich ein Fremder zu ihnen. Aber sie waren so in ihr Gespräch vertieft, dass sie ihn kaum bemerkten.

Die zwei Jünger waren so niedergeschlagen und traurig, dass sie sogar weinen mussten. Voller Liebe und Mitgefühl sah Christus sie an. Er wollte sie gerne trösten. Ohne von ihnen erkannt zu werden, fragte Er: »›Worüber redet ihr? ... Was beschäftigt euch denn so?‹ Da blieben sie voller Traurigkeit stehen. Einer von ihnen – Kleopas – sagte: ›Du bist wohl der einzige Mensch in Jerusalem, der nicht gehört hat, was sich dort in den letzten Tagen ereignet hat.‹ ›Was waren das für Ereignisse?‹, fragte Jesus. ›Das was mit Jesus von Nazareth geschehen ist‹, sagten sie. ›Er war ein Prophet, der vor Gott und dem ganzen Volk erstaunliche Wunder tat und mit großer Vollmacht lehrte.‹« Lukas 24,16-19.

Sie erzählten Ihm, was passiert war, und wiederholten den Bericht der Frauen, die früh am Morgen beim Grab gewesen waren. Da sagte Jesus: »›Was seid ihr doch für unverständige Leute! Es fällt euch so schwer zu glauben, was die Propheten in der Schrift gesagt haben. Haben sie nicht angekündigt, dass der Christus alle diese Dinge erleiden muss, bevor Er verherrlicht wird?‹ Und Er begann bei Mose und den Propheten und erklärte ihnen alles, was in der Schrift über Ihn geschrieben stand.« Lukas 24,25-27.

Die beiden Jünger trauten sich nicht, den Fremden zu fragen, wer Er sei. Aber während sie staunend Seinen Ausführungen über den Auftrag des Messias zuhörten, spürten sie, wie Freude in ihren Herzen aufkam.

Hätte der Heiland sich von Anfang an Seinen Jüngern zu erkennen gegeben, wären sie schon zufrieden gewesen. In ihrer großen Freude hätten sie keine weiteren Erklärungen verlangt. Es war aber wichtig für sie zu begreifen, dass Seine Aufgabe durch all die verschiedenen Prophezeiungen des Alten Testamentes vorausgesagt worden war. Darauf musste ihr Glaube aufbauen. Christus vollbrachte kein Wunder, um sie zu überzeugen, sondern erklärte ihnen zuallererst die Heilige Schrift. Sie hatten Seinen Tod als das Ende ihrer Hoffnungen gesehen. Nun zeigte Christus ihnen durch die Propheten, dass Sein Tod der stärkste Beweis für ihren Glauben war.

Durch Seine Worte zeigte Christus, wie wichtig das Alte Testament ist. Es beschreibt nämlich den Auftrag, den Jesus hatte. Viele lehnen heute das Alte Testament ab und behaupten, dass es nicht mehr gebraucht wird. Christus hat so nicht gedacht. Er schätzte diese Schriften so sehr, dass Er einmal sogar sagte: »›Wenn sie nicht auf Mose und die Propheten hören, dann werden sie sich auch nicht überzeugen lassen, wenn einer von den Toten aufsteht.‹« Lukas 16,31.

Als die Sonne unterging, hatten die Jünger ihr Heim erreicht. »Es schien so, als ob Jesus weitergehen wollte, doch sie baten Ihn inständig, über Nacht bei ihnen zu bleiben, da es schon dunkel wurde. Da trat Er mit ihnen ins Haus.« Lukas 24,28f.

Das simple Abendessen war bald vorbereitet, und Christus setzte sich ans Kopfende des Tisches, wie es Seine Gewohnheit war.

Normalerweise war es die Pflicht des Familienoberhauptes, ein Segensgebet für das Essen zu sprechen, aber nun übernahm Christus diese Aufgabe. Er streckte Seine Hände aus und segnete das Brot. Da wurden die Augen der Jünger geöffnet.

Die Art, wie Er das Essen segnete, und auch die Nägelmale auf Seinen Händen verrieten ihnen, dass es niemand anders war als ihr geliebter Meister.

Einen Moment saßen sie wie versteinert da. Dann erhoben sie sich, um zu Seinen Füßen zu fallen und Ihn anzubeten. Doch Jesus war bereits verschwunden.

In ihrer Freude waren Hunger und Müdigkeit vergessen. Sie ließen das Mahl unberührt stehen und eilten mit der wertvollen Botschaft vom auferstandenen Heiland zurück nach Jerusalem.

Als sie den Jüngern gerade berichteten, was passiert war, stand Christus selbst plötzlich in ihrer Mitte. Er hob Seine Hände zum Segen und sagte: »›Friede sei mit euch!‹« Lukas 24,36.

Zuerst fürchteten sie sich, aber als Er ihnen die Wunden an Seinen Händen und Füßen gezeigt und vor ihnen etwas ge-

gessen hatte, glaubten sie und waren beruhigt. Glaube und Freude nahm nun den Platz von Unglauben ein. Mit Gefühlen, die Worte nicht beschreiben können, bekannten sie Ihn als den auferstandenen Erlöser.

Thomas war bei dieser Gelegenheit nicht anwesend. Er weigerte sich, den Berichten der anderen über die Auferstehung zu glauben. Aber nach acht Tagen erschien Jesus den Jüngern, als Thomas dabei war.

Dabei zeigte Er wieder die Narben der Kreuzigung an den Händen und Füßen. Thomas war sofort überzeugt und rief: »›Mein Herr und mein Gott!‹« Johannes 20,28.

Nun erklärte Christus allen im Raum Versammelten noch einmal die Schriftstellen, die Ihn betrafen. Dann gab Er Seinen Jüngern den Auftrag, in Seinem Namen allen Nationen Reue und Sündenvergebung zu predigen und damit in Jerusalem zu beginnen.

Vor Seinem Aufstieg in den Himmel versprach Er: »›Wenn der Heilige Geist über euch gekommen ist, werdet ihr Seine Kraft empfangen. Dann werdet ihr von mir berichten – in Jerusalem, in ganz Judäa, in Samarien, ja bis an die Enden der Erde.‹« »›Und ich versichere euch: Ich bin immer bei euch bis ans Ende der Zeit.« Apostelgeschichte 1,8; Matthäus 28,20.

Im Grunde sagte Er zu ihnen: »Ihr wart Zeugen meines Lebens der Selbstaufopferung für diese Welt. Auch habt ihr gesehen, dass ich jeden angenommen habe, der zu mir kam und seine Schuld bekannte. Jeder Mensch, der will, kann mit Gott versöhnt werden und ewiges Leben erhalten. Ich übergebe euch, meinen Jüngern, diese Botschaft der Gnade. Sie soll an alle Nationen, Sprachen und Völker weitergegeben werden. Geht zu den entferntesten Gegenden der Welt und wisst, dass ich mit euch sein werde.«

Der Auftrag des Heilands an Seine Jünger gilt für alle Gläubigen bis ans Ende der Zeit.

Nicht alle können predigen, aber jeder kann für jemand anders da sein. Wer sich um einen Kranken kümmert, einem Armen hilft, einen Besorgten tröstet oder einem Sünder von Jesu vergebender Liebe erzählt, ist ein Zeuge für Christus.

Die Himmelfahrt

Der Heiland hatte Seine Mission auf der Erde erfüllt. Nun war die Zeit gekommen, in Seine himmlischen Heimat zurückzukehren. Er hatte den Sieg erkämpft und sollte Seinen Platz an der Seite des Vaters auf Seinem herrlich glänzenden Thron einnehmen.

Jesus wollte vom Ölberg aus in den Himmel auffahren. Von Seinen elf Jüngern begleitet, machte Er sich auf den Weg dorthin. Die Jünger wussten nicht, dass dies ihr letztes Treffen mit dem Herrn sein würde. Unterwegs, gab der Heiland ihnen die letzten Anweisungen. Kurz vor Seinem Abschied gab Er ihnen und jedem Seiner Nachfolger das kostbare Versprechen: »»Ich bin immer bei euch bis ans Ende der Zeit.«« Matthäus 28,20.

Sie überquerten den Gipfel Richtung Bethanien. Dann blieben sie stehen, und die Jünger scharten sich um ihren Herrn. Ein Strahlen lag auf Seinem Gesicht, als Er sie liebevoll anschaute. Worte, die tiefe, zärtliche Liebe zum Ausdruck brachten, waren das Letzte, was sie von ihrem Heiland zu hören bekamen.

Die Hände segnend ausgebreitet, wurde Er langsam Richtung Himmel aufgehoben. Während Er höher und immer höher schwebte, schauten die Jünger ehrfürchtig zu. Angestrengt versuchten sie, noch einen letzten Blick auf ihren auffahrenden Herrn werfen. Doch dann hüllte eine Wolke der Herrlichkeit Ihn ein und versperrte ihnen die Sicht. Gleichzeitig hörten sie den freudigen, wunderschönen Gesang der Engelchöre.

Die Jünger blickten noch immer zum Himmel, da wurden sie auf einmal von Stimmen angesprochen, die wie schönste Musik klangen. Sie wandten sich um und sahen zwei Engel in Menschengestalt, welche mit ihnen sprachen und sagten: »»Männer aus Galiläa, warum steht ihr hier und starrt zum Himmel? Jesus ist von euch fort in den Himmel geholt worden. Eines Tages

wird Er genauso wiederkommen, wie ihr Ihn habt fortgehen sehen!«« Apostelgeschichte 1,11.

Diese Engel gehörten zu der Schar, die gekommen war, um den Heiland zu Seiner himmlischen Heimat zu begleiten. Aus Mitgefühl und Liebe zu Jesu Jüngern waren sie zurückgeblieben, um ihnen zu versichern, dass diese Trennung nicht für immer sein würde.

Als die Jünger nach Jerusalem zurückkehrten, schauten die Menschen sie erstaunt an. Nach der Verurteilung und Kreuzigung ihres Meisters hatte sich herumgesprochen, dass sie niedergedrückt und beschämt waren. Ihre Feinde erwarteten sie voller Sorge und Kummer zu sehen. Stattdessen war in ihrem Gesicht nur Glück und Siegesgewissheit zu lesen. Aus ihnen strahlte eine Freude, die nicht von dieser Welt war. Statt enttäuschten Hoffnungen nachzutrauern, lobten und dankten sie Gott.

Jubelnd erzählten sie die wunderbare Geschichte von Christi Auferstehung und Seiner Himmelfahrt. Ihr Zeugnis wurde von vielen angenommen. Nun hatten die Jünger keine Angst mehr vor der Zukunft.

Sie wussten, dass der Heiland im Himmel war und in allem mit ihnen fühlte. Sie wussten, dass Er vor Gott die Verdienste Seines Blutes geltend machte. Er zeigte dem Vater Seine verwundeten Hände und Füße als Beweis für den Preis, den Er für ihre Erlösung bezahlt hatte.

Sie wussten, dass Er wiederkommen würde, umgeben von allen heiligen Engeln. Und sie warteten mit großer Vorfreude und Sehnsucht auf dieses Ereignis.

Als auf dem Ölberg Jesus ihren Blicken entschwunden war, wurde Er vom himmlischen Heer empfangen. Unter Freuden- und Triumphgesang begleiteten sie Ihn himmelwärts.

An den Toren der Stadt Gottes wurde Er bereits von unzählbaren Engelscharen erwartet. Als Christus die Tore erreichte, sprachen die begleitenden Engel in triumphierendem Ton zu den Scharen an den Stadttoren: »Öffnet euch, ihr ehrwürdigen Tore und ihr uralten Türen, damit der König der Herrlichkeit einziehen kann.« Die Engel am Tor fragten zurück: »Wer ist der König der Herrlichkeit?« Sie sagten das nicht, weil sie nicht wussten, wer der König war, sondern, weil sie die glorreiche Antwort hören wollten: »Es ist der HERR, stark und mächtig, der HERR, mächtig im Kampf. Öffnet euch, ihr ehrwürdigen Tore und ihr uralten Türen, damit der König der Herrlichkeit einziehen kann.«

Wieder fragten die Engel am Tor: »Wer ist der König der Herrlichkeit?« Mit melodischen Tönen antworteten die begleitenden Engel: »Er ist der allmächtige HERR – Er ist der König der Herrlichkeit.« Psalm 24,7-10.

Dann wurden die Pforten der Stadt Gottes weit geöffnet, und die Engelscharen strömten hindurch, begleitet von den mächtigen Klängen fantastischer Musik. Alle himmlischen Heere warteten, um ihren Befehlshaber bei Seiner Rückkehr zu ehren.

Sie warteten darauf, dass Er Seinen Platz auf dem Thron des Vaters einnahm.

Aber noch konnte Er die Siegeskrone und den königlichen Umhang nicht annehmen. Er wollte keine Ehrerbietung zulassen, bis Seine Gemeinde auf der Erde vor dem gesamten Universum als gerechtfertigt und angenommen erklärt war. Er bat darum, dass Seine Nachfolger auch da sein dürften, wo Er nun war. Wenn Er in Herrlichkeit leben durfte, dann sollten sie das mit Ihm teilen. Die mit Ihm auf der Erde litten sollten auch mit Ihm in Seinem Königreich regieren.

So bat Christus für Seine Gemeinde. Er machte die Anliegen Seiner Nachfolger zu Seinen eigenen. Mit einer Liebe und Beharrlichkeit, die stärker als der Tod waren, forderte Er die Rechte und Ehren ein, die Er mit Seinem Blut erworben hatte.

Der Vater erhörte die Bitten Seines Sohnes. Dann befahl Er: »›Alle Engel Gottes sollen Ihn anbeten.‹« Hebräer 1,6.

Voller Freude beteten die Führer der Himmelsheere den Erlöser an. Die unzählbare Schar von Engeln beugte sich vor Ihm nieder, und durch die himmlischen Höfe schallte der frohe Ruf: »›Würdig ist das Lamm, das geschlachtet worden ist! Es ist würdig, Macht und Reichtum entgegenzunehmen und Weisheit und Stärke und Ehre und Herrlichkeit und Lob!‹« Offenbarung 5,12.

Christi Nachfolger sind »durch den Geliebten angenommen«. In Gegenwart der himmlischen Heere bestätigte der Vater den Bund, den Er mit Christus geschlossen hatte: jeden Menschen, der bereut und gehorsam ist, zu lieben wie Seinen eigenen Sohn. Wo der Erlöser ist, dürfen die Erlösten auch sein.

Der Sohn Gottes hatte den Fürsten der Finsternis besiegt und Tod und Sünde überwunden. Im ganzen Himmel erklangen Stimmen in erhabenem Lobpreis und verkündeten: »›Lob und Ehre und Herrlichkeit und Macht stehen dem zu, der auf dem Thron sitzt und dem Lamm für immer und ewig!‹« Offenbarung 5,13.

Die Wiederkunft

Unser Heiland wird wiederkommen. Bevor Er sich von Seinen Jüngern auf dieser Erde trennte, gab Er selbst ihnen das Versprechen Seiner Rückkehr.

»›Habt keine Angst‹«, sagte Er. »›Es gibt viele Wohnungen im Haus meines Vaters, und ich gehe voraus, um euch einen Platz vorzubereiten. Wenn es nicht so wäre, hätte ich es euch dann so gesagt? Wenn alles bereit ist, werde ich kommen und euch holen, damit ihr immer bei mir seid, dort, wo ich bin.‹« Johannes 14,1-3.

Er ließ sie nicht im Zweifel darüber, ob Er kommen würde. »›Doch wenn der Menschensohn in Herrlichkeit wiederkommt, und alle Engel mit Ihm, wird Er auf Seinem Thron der Herrlichkeit sitzen. Alle Völker werden vor Ihm zusammengerufen.‹« Matthäus 25,31f.

Sorgfältig warnte Er sie vor Verführungen: »›Wenn sie nun zu euch sagen: Siehe, Er ist in der Wüste!, so geht nicht hinaus! Siehe, in den Kammern!, so glaubt es nicht! Denn wie der Blitz ausfährt von Osten und bis nach Westen leuchtet, so wird die Ankunft des Sohnes des Menschen sein.‹« Matthäus 24,26f (Elb).

Diese Warnung gilt auch uns. Heute erzählen falsche Lehrer: »Siehe, Er ist in der Wüste!«, und Tausende gehen dorthin in der Hoffnung, Christus zu finden.

Und Tausende, die angeblich mit den Geistern von Toten sprechen, behaupten, »Siehe, Er ist in den Kammern!« Es sind Spiritisten, die so etwas sagen.

Aber Christus sagt: »›Glaubt es nicht! Denn wie der Blitz ausfährt von Osten und bis nach Westen leuchtet, so wird die Ankunft des Sohnes des Menschen sein.‹«

Als Christus in den Himmel auffuhr, erklärten die Engel den Jüngern: »›Eines Tages wird Er genauso wiederkommen, wie ihr Ihn habt fortgehen sehen!‹« Apostelgeschichte 1,11. Sie konnten zuschauen, wie Er vor ihren Augen aufstieg und von einer Wolke aufgenommen wurde. Ebenso wird Er auf einer großen weißen Wolke zurückkehren, und »alle werden Ihn sehen.« Offenbarung 1,7.

Der genaue Tag und die Stunde Seines Kommens ist keinem Menschen bekannt. Christus sagte Seinen Jüngern, dass Er ihnen den Tag und die Stunde Seiner Rückkehr nicht offenbaren könne. Aber Er erwähnte bestimmte Ereignisse, an denen man erkennen kann, dass Sein Kommen nahe ist. »›An Sonne, Mond und Sternen werden Zeichen erscheinen‹«, sagte Er. Lukas 21,25.

Dann erklärte genauer, was für Zeichen das sein würden: »›Unmittelbar nachdem diese schreckliche Zeit zu Ende ist, wird sich die Sonne verfinstern, der Mond wird nicht mehr leuchten, die

Sterne werden vom Himmel stürzen und die Kräfte des Himmels werden erschüttert.‹« Matthäus 24,29.

»›Und auf der Erde werden die Völker in Aufruhr und Entsetzen sein, den wilden Wellen der Meere hilflos ausgeliefert. Viele Menschen werden den Mut verlieren, wenn sie diese Schrecken über die Erde hereinbrechen sehen.‹« Lukas 21,25f.

»›Sie werden sehen, wie der Menschensohn mit großer Macht und Herrlichkeit auf den Wolken des Himmels kommt. Er wird Seine Engel mit lautem Posaunenschall vorausschicken, und sie werden Seine Auserwählten von den Enden der Welt sammeln.‹« Matthäus 24,30f.

Der Heiland fügte hinzu: »›Lernt vom Feigenbaum: Wenn seine Knospen weich werden und die Blätter zu sprießen beginnen, wisst ihr, dass der Sommer kommt, ohne dass es euch jemand sagt. Wenn ihr also seht, wie all diese Dinge passieren, dann wisst ihr, dass die Wiederkunft des Menschensohnes vor der Tür steht.‹« Matthäus 24,32f.

Christus hat uns Zeichen für Sein Kommen gegeben. Er sagt, dass wir wissen können, wann Er sozusagen vor der Tür steht. Wenn die Bäume im Frühling ihre Blätter hervorbringen, wissen wir, dass der Sommer nahe ist. Genauso sicher können wir wissen, dass Christi Kommen bevorsteht, wenn bestimmte Zeichen an Sonne, Mond und Sternen geschehen.

Diese Zeichen sind bereits geschehen! Am 19. Mai 1780 verdunkelte sich die Sonne. Jener Tag ging in die Geschichte ein als »der dunkle Tag«. Im nördlichen Teil Nordamerikas war die Finsternis so groß, dass die Menschen zur Mittagszeit Kerzen anzünden mussten. Und bis nach Mitternacht gab der Mond, obwohl er gerade voll war, kein Licht. Viele glaubten, dass der Tag des Gerichts gekommen sei. Niemand konnte für diese übernatürliche Dunkelheit eine Erklärung finden. Sie war eine Erfüllung

der Worte Christi. Dieses Zeichen an Sonne und Mond kündigte Sein baldiges Kommen an.

Am 13. November 1833 gab es den beeindruckendsten Sternenregen, der je von Menschen beobachtet wurde. Wieder glaubten Tausende, das letzte Gericht sei da.

Seit jener Zeit haben Erdbeben, Stürme, Überflutungen, Seuchen, Dürren und Zerstörungen durch Feuer und Wasser stark zugenommen. All dies und dass die Völker immer mehr »in Aufruhr und Entsetzen« geraten, zeigt, dass das Kommen des Herrn nahe ist.

Über die Menschen, die diese Zeichen sehen, sagt Er: »›Diese Generation wird nicht von der Erde verschwinden, bevor all das geschehen ist. Himmel und Erde werden vergehen, doch meine Worte bleiben ewig.‹« Matthäus 24,34f.

»Denn der Herr selbst wird mit einem lauten Befehl, unter dem Ruf des Erzengels und dem Schall der Posaune Gottes vom Himmel herabkommen. Dann werden zuerst alle Toten in Christus aus ihren Gräbern auferstehen. Und mit ihnen zusammen werden auch wir Übrigen, die noch auf der Erde leben, auf den Wolken hinaufgehoben werden in die Luft, um dem Herrn zu begegnen und in Ewigkeit bei Ihm zu bleiben. Tröstet euch also gegenseitig mit diesen Worten!« 1. Thessalonicher 4,16-18.

Christus kommt wieder! Er kommt in den Wolken und mit großer Herrlichkeit. Eine Unmenge von strahlenden Engeln wird Ihn begleiten. Er wird kommen, um die Toten aufzuerwecken und die lebenden Heiligen von Herrlichkeit zu Herrlichkeit zu verwandeln.

Er wird kommen, um alle zu ehren, die Ihn geliebt und Seine Gebote gehalten haben, und um sie zu sich zu nehmen. Er hat sie nicht vergessen und auch nicht Sein Versprechen. Familien werden zusammengeführt werden. Wenn wir einen lieben Menschen durch den Tod verlieren, dürfen wir an den Morgen denken, wenn Gottes Posaune erschallt und »die Toten mit einem unvergänglichen Körper auferstehen und wir Lebenden werden verwandelt werden, sodass wir nie mehr sterben.« 1. Korinther 15,52.

Diese Zeit ist nahe. Eine kleine Weile noch, und wir werden den König in Seiner Schönheit erblicken. Eine kleine Weile noch, und Er wird alle Tränen von unseren Augen abwischen. Eine kleine Weile noch, und Er wird uns »makellos und voller Freude« vor sich hinstellen. Judas 1,24.

Deshalb sagte Er, als Er von den Zeichen Seines Kommens sprach: »›Wenn all das anfängt, dann richtet euch auf und hebt den Blick, denn eure Erlösung ist ganz nahe!‹« Lukas 21,28.

Ein Tag des Gerichts

Der Tag von Christi Wiederkunft ist ein Tag des Gerichts für die Welt.

Die Heilige Schrift erklärt: »›Siehe, der Herr ist gekommen mit Tausenden seiner Heiligen. Er wird über die Menschen der Welt Gericht halten.‹« Judas 1,14.

»›Alle Völker werden vor Ihm zusammengerufen, und Er wird sie trennen, so wie ein Hirte die Schafe von den Ziegen trennt.‹« Matthäus 25,32.

Gott warnt die Menschen davor, was an diesem Tag auf sie zukommt. Er hat die Menschen immer vor kommenden Gerichten gewarnt. Manche glaubten der Warnung und gehorchten dem

Wort Gottes. Diese entkamen den Gerichten, welche auf die Ungehorsamen und Ungläubigen fielen.

Bevor Er die Welt durch eine Flut zerstörte, befahl Gott Noah: »›Geh mit deiner ganzen Familie in das Schiff, denn unter allen Menschen auf der Erde bist du in meinen Augen der einzige, der gerecht ist.‹« 1. Mose 7,1. Noah gehorchte und wurde gerettet. Vor der Zerstörung Sodoms kamen Engel zu Lot mit der Botschaft: »›Schnell, verlasst die Stadt! Denn der Herr wird sie zerstören.‹« 1. Mose 19,14. Lot nahm die Warnung ernst und wurde gerettet.

Heute werden wir vor der Zerstörung gewarnt, die bei der Wiederkunft Jesu auf die Welt zukommt. Alle, die diese Warnung ernstnehmen, werden gerettet werden.

Wenn die Gerechten Christus wiederkommen sehen, werden sie ausrufen: »›Dies ist unser Gott! Auf Ihn haben wir gewartet und Er hat uns gerettet. Dies ist der HERR, auf den wir unsere Hoffnung gesetzt haben. Wir wollen uns freuen und jubeln, weil Er uns rettet!‹« Jesaja 25,9.

Weil wir den genauen Zeitpunkt Seines Kommens nicht wissen, sollen wir wachen: »›Glücklich sind diejenigen, die vorbereitet sind und Seine Rückkehr erwarten.‹« Lukas 12,37.

Auf des Kommen des Herrn zu warten, heißt nicht, untätig zu sein. Wenn wir Christus in Frieden begegnen möchten, bedeutet das, die Sünde unbedingt zu meiden, damit Gottes Gerichte uns nicht treffen. Es bedeutet zu erkennen, wie schlimm Ungehorsam ist, und dass er uns leidtut.

Während wir nach der Wiederkunft des Herrn Ausschau halten, sollen wir fleißig arbeiten. Dass Jesus sehr bald kommen wird, soll uns bewegen, uns fleißig um die Rettung unserer Mitmenschen zu bemühen. Wie Noah die Menschen vor der kommenden Flut warnte, sollen alle, die das Wort Gottes verstehen, die Menschen heute warnen.

»»Wenn der Menschensohn wiederkommt, wird es sein wie zur Zeit Noahs. In den Tagen vor der Sintflut feierten die Menschen rauschende Feste, Orgien und Hochzeiten, bis Noah in seine Arche stieg. Sie merkten nicht, was geschah, bis die Flut kam und sie alle hinwegschwemmte. Genauso wird es sein, wenn der Menschensohn kommt.«« Matthäus 24,37-39.

In den Tagen Noahs missbrauchten die Menschen Gottes Gaben. Statt in Maßen zu essen und zu trinken, wurden sie zu Fressern und Säufern.

Sie vergaßen Gott und taten lauter gemeine und widerliche Dinge. »Doch der HERR sah, dass die Bosheit der Menschen groß war und dass alle ihre Gedanken durch und durch böse waren.« 1. Mose 6,5. Es war wegen ihrer Bosheit, dass die Menschen jener Zeit ausgelöscht wurden.

Heute ist die Menschheit wieder so wie vor der Sintflut. Esslust, Maßlosigkeit, ungezügelte Leidenschaften und andere schlimme Dinge füllen die Erde mit Gottlosigkeit.

In den Tagen Noahs wurde die Welt durch Wasser zerstört. Gottes Wort lehrt uns, dass sie am Ende der Zeit durch Feuer zerstört werden wird.

»Durch Sein Wort hat Gott die damalige Welt mit Wasser überflutet und vernichtet. Und Gott hat durch dasselbe Wort befohlen, dass dieser Himmel und diese Erde Bestand haben werden bis zum Tag des Gerichts. Dann werden sie vom Feuer verzehrt werden und die gottlosen Menschen werden zugrunde gehen.« 2. Petrus 3,6f.

Die Menschen vor der Flut spotteten über Gottes Warnungen. Sie beschimpften Noah als Fanatiker und Schwarzseher. Angesehene und gelehrte Männer erklärten, dass eine Wasserflut, wie Noah sie vorhersagte, noch nie dagewesen sei und auch nie kommen würde.

Heute wird Gottes Wort wenig beachtet. Menschen lachen über Seine Warnungen. Viele behaupten: »es wird immer so weitergehen, wie bisher. Wir haben nichts zu befürchten.«

Genau dann, wenn die Menschen so reden, wird die Zerstörung kommen. Während sie spöttisch fragen: »Wo ist das Versprechen Seines Kommens?«, erfüllen sich alle vorhergesagten Zeichen.

»Wenn die Menschen sagen: ›Überall herrscht Frieden und Sicherheit‹, dann wird die Katastrophe so plötzlich über sie hereinbrechen ... Und dann wird es kein Entkommen geben.« 1. Thessalonicher 5,3.

Christus bezeugt: »›Wenn du nicht aufwachst, werde ich so unerwartet und plötzlich wie ein Dieb über dich kommen.‹« Offenbarung 3,3.

Heutzutage sind die Menschen mit denselben Dingen beschäftigt wie vor der Sintflut: Essen und Trinken, Anpflanzen und Bauen, Heiraten und Heiraten-Lassen. Händler kaufen und verkaufen. Menschen kämpfen um die besten Plätze. Man sucht Zerstreuung und Unterhaltung im Theater, in der Spielhölle oder beim Rennsport. Alle sind auf der Suche nach Aufregendem, obwohl ihre Probezeit rasch dem Ende zugeht und die Gnadentür sich bald für immer schließen wird.

Wie wichtig ist es, dass wir die Warnung des Heilands beachten: »›Seid wachsam! Lasst euch nicht von zu viel Essen und Trinken und den Sorgen des Alltags gefangen nehmen, damit euch dieser Tag nicht unvorbereitet trifft.‹« Lukas 21,34.

Das Heim der Erlösten

Der Tag der Wiederkunft ist nur für das Böse ein Tag der Zerstörung. Für Gottes Volk und die Erde ist er ein Tag der Befreiung.

Gott schuf die Erde als Heimat für die Menschen. Hier wohnte Adam in dem paradiesischen Garten, den Gott selbst geschmückt hatte. Obwohl die Sünde Gottes Werk verdorben hat, hat der Schöpfer die Menschheit nicht alleingelassen. Er hat auch Seinen Plan für die Erde nicht aufgegeben.

Auf diese Welt sind Engel mit der Botschaft der Erlösung gekommen. Hügel und Täler hallten von ihren Lobgesängen wider. Die Füße von Gottes Sohn sind über unsere Erde gewandert. Und seit über sechstausend Jahren ist die Erde mit ihrer Schönheit und den vielen Gaben, die wir zum Leben brauchen, ein Zeugnis für die Liebe des Schöpfers.

Dieselbe Erde wird, wenn sie vom Fluch der Sünde befreit ist, das ewige Zuhause der Menschheit sein. Die Bibel sagt: »Nicht als Wüste geschaffen hat Er sie, sondern zum Bewohnen.« Jesaja 45,18. Und: »Mir ist auch klar geworden, dass alles was Gott tut, endgültig ist.« Prediger 3,14.

Deshalb erklärte der Heiland in der Bergpredigt: »Glücklich sind die Freundlichen und Bescheidenen, denn ihnen wird die ganze Erde gehören.« Matthäus 5,5.

Wie ein Schreiber der Psalmen vor langer Zeit geschrieben hat: »Den Sanftmütigen wird dann das Land gehören, und es wird ihnen gut gehen und sie werden Frieden haben.« Psalm 37,11.

Andere Bibeltexte bestätigen das: »Die Gerechten [werden] hier auf Erden ihren Lohn erhalten«. Sprüche 11,31. »Die Gottesfürchtigen werden das Land besitzen und für immer darin leben.« Psalm 37,29.

Das Feuer am Weltende wird dafür sorgen, »dass dieser Himmel und diese Erde« zerstört werden. Aber Gott wird »den neuen Himmel und die neue Erde« daraus erschaffen. 2. Petrus 3,7.13. Es wird einen neuen Himmel und eine neue Erde geben.

»»Kein Auge hat je gesehen, kein Ohr je gehört und kein Verstand je erdacht, was Gott für diejenigen bereithält, die ihn lieben.«« 1. Korinther 2,9.

Keine menschliche Sprache kann die Belohnung der Gerechten wirklich beschreiben. Man muss sie einfach selbst erleben. Wir können die Herrlichkeit des göttlichen Paradieses nicht erfassen. Aber wir können schon jetzt kleine Bruchstücke darüber erfahren, »weil Gott es uns durch seinen Geist offenbart hat.« 1. Korinther 2,10. Die Bibel gibt uns sehr wertvolle Einblicke in jenes Land.

Dort führt der himmlische Hirte Seine Herde zur Quelle des lebendigen Wassers. Der Baum des Lebens gibt jeden Monat Frucht, und seine Blätter dienen zur Heilung der Völker. Es gibt dort Ströme, die immer fließen und kristallklares Wasser haben. An ihren Ufern wachsen prächtige Bäume und beschatten die Pfade, welche für die Erlösten des Herrn vorbereitet sind. Dort gehen ausgedehnte Ebenen in wunderschöne Hügellandschaften über, und die Berge Gottes zeigen ihre prächtigen Gipfel. Auf den friedlichen Ebenen entlang jener lebendigen Ströme wird das Volk Gottes, das so lange heimatlos umhergewandert ist, ein Zuhause finden.

»Mein Volk lebt dann an einem Ort des Friedens und in sicheren Wohnungen, sorglos und ruhig.« »Gewalt wird es in Deinem Land nicht mehr geben; Zerstörung und Verderben werden in Deinem Land ein Ende haben. Dann nennst Du Deine Mauern ›Rettung‹ und Deine Tore ›Ruhm‹.« Jesaja 32,18; 60,18.

»Dann leben die Menschen in den Häusern, die sie erbaut haben und essen die Früchte der Weinberge, die sie gepflanzt haben. Sie werden nicht mehr bauen und ein anderer wohnt darin. Sie werden nicht mehr pflanzen und ein anderer isst ... und meine Erwählten werden das genießen, was sie erarbeitet haben.« Jesaja 65,22.

»Die Wüste und das dürre Land sollen sich [dort] freuen und die Steppe soll frohlocken und wie ein Krokusfeld erblühen.« »Wo einst Dornen waren, werden Zypressen wachsen, wo Nesseln wucherten, werden Myrten sprießen.« Jesaja 35,1; 55,13.

»Dann werden der Wolf und das Lamm einträchtig zusammenleben; der Leopard und die Ziege werden beieinander lagern ... und ein kleiner Junge wird sie hüten.« »Auf meinem ganzen heiligen Berg wird niemand mehr etwas Böses tun oder Unheil stiften«, verspricht uns der Herr. Jesaja 11,6.9.

Dort werden keine Tränen, keine Beerdigungen, keine Trauergesänge mehr sein, »und es wird keinen Tod und keine Trauer und kein Weinen und keinen Schmerz mehr geben. Denn die erste Welt mit ihrem ganzen Unheil ist für immer vergangen.« »Kein Einwohner wird sagen: ›Ich bin schwach.‹ Dem Volk, das hier wohnt, sind die Sünden vergeben.« Offenbarung 21,4; Jesaja 33,24.

Das neue Jerusalem wird die Hauptstadt der neuen Erde sein und »eine prachtvolle Krone in der Hand des HERRN, ein kostbares Diadem in der Hand deines Gottes«. Ihr Licht funkelt »wie ein kostbarer Edelstein und kristallklar wie Jaspis«. »Die Völker der Erde werden in ihrem Licht leben, und die Könige der Welt werden kommen und ihre Herrlichkeit in die Stadt bringen.«

Jesaja 62,3; Offenbarung 21,11.24.

Der Herr sagt: »Ich selbst werde mich an Jerusalem freuen und über mein Volk fröhlich sein.« »Die Wohnung Gottes ist nun bei den Menschen! Er wird bei ihnen wohnen und sie werden Sein Volk sein und Gott selbst wird bei ihnen sein.«

Jesaja 65,19; Offenbarung 21,3

Auf der neuen Erde wird es nur noch das Gute geben. »Nichts Unreines wird hineindürfen, auch niemand, der Götzendienst treibt und Lügen verbreitet, sondern nur die, deren Namen im Lebensbuch des Lammes geschrieben stehen.« Offenbarung 21,27

Gottes heiliges Gesetz wird von allen geehrt werden, die unter der Sonne leben. Alle, die sich als treue Diener Gottes erwiesen und Seine Gesetze gehalten haben, werden bei Ihm sein.

»Ihnen kann keine Lüge vorgeworfen werden; sie sind vorbildlich.« »Das sind diejenigen, die aus der großen Prüfung kommen. Sie haben ihre Kleider im Blut des Lammes gewaschen und weiß gemacht. Deshalb stehen sie nun vor dem Thron Gottes und dienen Ihm Tag und Nacht in Seinem Tempel.« Offenbarung 14,5; 7,14f

Weitere Bücher aus dem Kinder- und Jugendsortiment

Die Königstochter

39 abgeschlossene Kindergeschichten. Wahre Begebenheiten, die spannende und lehrreiche Erfahrungen vermitteln. Erlebnisse von Kindern nicht nur für Kinder.

Charakter-Klassiker Band 1.
Zusammengestellt von James Edson White
Ab 10 Jahre. 208 Seiten, Format: Softcover 14,8 x 21,0 cm, mit schwarz/weiß Bildern.

Tiger und Tom und andere Geschichten

31 spannende Geschichten zusammen gestellt für Jungen ‚und auch Mädchen'. Einfühlsame Lehren werden von den Betroffenen in der Geschichte vermittelt und geben einen guten und wirkungsvollen Impuls an den jungen Leser ab.

Charakter-Klassiker Band 2.
Zusammengestellt von James Edson White
Ab 10 Jahre. 200 Seiten, Format: Softcover 14,8 x 21,0 cm, mit schwarz/weiß Bildern.

Der schönste Ara der Welt

Jamila F. Mester

Über 70 kleine Geschichten erzählen die Erlebnisse der Autorin. Die Geschichten werden mit vielen bunten Bildern begleitet.

Ab 10 Jahre. 232 Seiten, Format: Softcover 14,8 x 21,0 cm, mit bunten Bildern.

Die goldene Pforte

Miriam Aßmann

Wie komme ich in den Himmel? Was möchte Gott von mir? Carla findet mit Hilfe von Oma Froh Antwort auf diese Fragen. Es bereitet dem kleinen Mädchen große Freude, zu erfahren, dass der große Gott im Himmel SIE will und nicht irgendeine Leistung.

Ab 4 Jahre. 48 Seiten, Format: Hardcover 21 x 21 cm, mit farbigen Zeichnungen

newstart center